Wer Arzt werden will, muss gut sein in Mathe, nicht in Mitgefühl. Die vorherrschende Auffassung von Begabung und »Intelligenz« ist nicht nur falsch, sondern sehr gefährlich. Eltern und Schulen tun zwar alles, um die Fähigkeiten unserer Kinder zu fördern. Doch weil unser Schul- und Bildungssystem immer noch fast ausschließlich auf Wissensvermittlung und Leistung setzt, bringen wir zwar Einserschüler und -studenten hervor, die dann im Berufs-leben aber versagen. Auf der Strecke bleiben viele ungenutzte Talente.

Gerald Hüther und Uli Hauser beschreiben, welche Begabungen in jedem Kind angelegt sind und wie sich das kindliche Gehirn entwickelt. Sie zeigen, dass unsere Erziehung dem viel zu wenig Rechnung trägt und fordern ein radikales Umdenken.

GERALD HÜTHER, Jahrgang 1951, Professor für Neurobiologie an der Psychiatrischen Klinik der Universität Göttingen, ist Autor zahlreicher Erfolgsbücher, unter anderem »Bedienungsanleitung für ein menschliches Gehirn« oder »Was wir sind und was wir sein könnten«.

ULI HAUSER, geboren 1962 in Orsoy am Niederrhein, war in der Kinder- und Jugendarbeit aktiv. Er schrieb mehrere Bücher, unter anderem »Eltern brauchen Grenzen«, und ist seit über zwanzig Jahren Reporter beim »Stern«. Uli Hauser wurde mit dem Theodor-Wolff-Preis ausgezeichnet.

GERALD HÜTHER
ULI HAUSER

Jedes Kind ist hoch begabt

Die angeborenen Talente unserer Kinder
und was wir aus ihnen machen

btb

Verlagsgruppe Random House FSC® N001967
Das für dieses Buch verwendete FSC®-zertifizierte
Papier *Lux Cream* liefert Stora Enso, Finnland.

2. Auflage
Genehmigte Taschenbuchausgabe Januar 2014,
btb Verlag in der Verlagsgruppe Random House GmbH, München
Copyright der Originalausgabe © 2012 beim Albrecht Knaus
Verlag, München, in der Verlagsgruppe Random House GmbH
Umschlaggestaltung: semper smile
nach einem Entwurf von bürosüd°
Druck und Einband: CPI – Clausen & Bosse, Leck
LW · Herstellung: sc
Printed in Germany
ISBN 978-3-442-74710-8

www.btb-verlag.de
www.facebook.com/btbverlag
Besuchen Sie auch unseren LiteraturBlog www.transatlantik.de

»When I was 5 years old, my mother always told me that happiness was the key to life. When I went to school, they asked me what I wanted to be when I grew up. I wrote down ›happy‹. They told me I didn't understand the assignment, and I told them they didn't understand life.«

John Lennon

Inhalt

1 Bevor es losgeht

Wie ist das eigentlich, wenn man einfach nur sein darf? Tun und lassen kann, was man will? Morgens aufsteht, das Fenster öffnet, die Luft atmet und froh ist? Froh, am Leben zu sein? Froh, auf der Welt zu sein? Froh, Freunde zu haben, Eltern, eine Familie?

Wie wäre es, wenn wir uns an den Moment erinnern könnten, als wir zum ersten Mal in die Welt geblickt haben? In die Augen der Mutter, in die des Vaters. Wie wohl wir uns fühlten in ihren Armen, lächelnd, brabbelnd, sabbernd; wie egal war uns damals unsere eigene Unvollkommenheit. Was würden wir dafür geben, noch einmal zu erleben, wie wir plötzlich aus dem Dunkel ins Helle gestoßen wurden, in ein aufregendes Abenteuer, das sich Leben nennt? Alles war so groß, so neu, es schien weder Raum noch Zeit zu geben, es war phantastisch, einfach da zu sein. Ohne große Ansprüche, nur atmen, essen, trinken, schlafen. Waren wir müde, schliefen wir ein. Waren wir traurig, weinten wir. Und wir waren froh, wenn uns nur jemand fröhlich anblickte.

Was gäben wir dafür, die Welt aus der Sicht eines Kindes, das wir selbst einmal waren, zu sehen? Als eine Sensation die nächste jagte, als wir aus dem Staunen nicht mehr herauskamen, zu aufgeregt zum Schlafen und müde von all den Eindrücken? Wir waren wie verzaubert von neuen Geräuschen und Gerüchen und all dem, was uns in den Sinn kam. Wir phantasierten, wir erfanden, wir spielten uns ins Leben. Wir waren Könige, keine Knechte. Wir träumten uns auf den Mond und schwebten durch die Zeit. Es war, als hätten die anderen nur auf uns Himmelsstürmer gewartet: Hey, kleiner Fratz!

Wie einfach war das! Und wie schwer ist das Leben geworden, seitdem. Die Leichtigkeit ist verflogen, anstrengend so vieles. Was ist aus der Begeisterung von damals geworden? Aus dem Empfinden, dass jede Sekunde einen neuen Augenblick bereithält, jede Minute aufregende Bewegungen, jede Stunde eine andere Sicht auf die Dinge?

Nun sind wir, erwachsen und der Kindheit entwachsen, aus dem Staunen längst heraus. Die Pflicht, die Verantwortung, die Gewöhnung hat verschüttet, was war. Das Einfache ist kompliziert geworden. Das Langsame schnell. Das Große klein. Wir nehmen uns nicht mehr Zeit, die Zeit nimmt uns. Wir drehen am Rad. Sind müde und erschöpft, fühlen uns ausgelaugt und überfordert. Der Takt der Arbeitswelt diktiert den Alltag, er bestimmt unsere Beziehungen, unsere Verhältnisse, unser Denken. Der technische Fortschritt, der soziale Wandel und das Tempo des Lebens – wir erfahren es täglich – lassen uns zunehmend ratlos zurück. Das Leben ist zu einem Stresstest geworden, effizient soll es sein, perfekt, optimiert. Alles muss Sinn machen, einen Zweck haben, unser Dasein ist Analyse. Wir werten und werden bewertet, der Wettbewerb hat auf allen Ebenen Besitz von uns ergriffen. Bei der Wahl eines Partners, der Geburt eines Kindes, im Job und in der Freizeit. Wir sind vernetzt und verdrahtet und unsere Köpfe voll von Bildern. Wir kommen kaum nach, diese zu ordnen. Haben für alles ein Wort und für nichts mehr Zeit. Denken daran, was wird und was war. Wir rasen durchs Sein und vergessen zu sein, beugen uns wie selbstverständlich Zwängen, ohne sie in Frage zu stellen, und liefern uns einem System aus, das von drei Wörtern beherrscht wird: Ich. Alles. Sofort. Das ist die eilige Dreifaltigkeit unserer Tage.

Wir beschäftigen uns mit allem und jedem. Aber was ist mit unserem eigenen Leben? Wer sind wir und was wollen wir? Wie oft haben Sie sich schon gefragt, weshalb Sie so geworden sind, wie Sie sind? Wer Sie am meisten beeinflusst hat, welche Erfahrungen Sie geprägt haben? Sind Sie der, der Sie sein wollten? Oder der, der Sie sein sollten? Erinnern Sie sich, ob Sie es waren, der über die Richtung entschied, die Sie eingeschlagen haben? Und haben die Anstrengungen, die Sie unternommen haben, um erfolgreich voranzukommen, Sie auch wirklich weitergebracht? Oder hätten Sie lieber einen Weg gewählt, der Umwege zulässt und die Möglichkeit bietet, viele Eindrücke zu sammeln und neue Erfahrungen zu machen? Dann hätten Sie sich vielleicht andere Fähigkeiten angeeignet. Es hätten sich unter Umständen andere Begabungen entfalten können.

Es ist schwer zu sagen, was damals, als Sie klein waren, alles in Ihnen steckte. Wovon Sie träumten, wofür Sie sich begeisterten. Was Sie antrieb. Und wofür Sie eine Begabung mitbrachten. Haben Sie sich schon einmal überlegt, welche Ihrer Talente brachliegen und in Ihrem Leben bisher keine Rolle spielten? Und haben Sie eine Ahnung davon, welche Talente in Ihren Kindern schlummern? Was sie wirklich gut können und was nicht?

Wir fragen uns: Was ist das eigentlich, ein Talent, eine besondere Begabung? Wie entsteht es? Sind Talente angeboren? Woran erkennen wir, ob in einem Kind etwas angelegt ist, über das andere Kinder nicht verfügen? Und was wird aus einer solchen Begabung, wenn niemand sie entdeckt und wenn sich keiner darum kümmert, dass ein Kind dieses Talent auch wirklich entfalten kann? Wenn niemand da ist, der bestärkt, ermutigt, ermuntert? Das Talent wird wohl verkümmern.

Das wäre schade. Wie arm wäre die Welt, würden wir

uns nicht ihrer großen Talente erfreuen. Wie dankbar sind wir all den Helden der Geschichte, deren Begabung uns nicht verborgen blieb. Armstrong und Chaplin, Dalí und Disney, Mozart und Wagner. Ihr Schaffen wirkt durch alle Zeit, für alle Zeit. Sie folgten ihrem Ruf und niemand kann im Nachhinein sagen, wann sie ihn zuerst gehört haben. Was genau passierte, dass sie erkannten und erkannt wurden. Was wäre geschehen, wenn die Eltern von Einstein ihrem schüchternen Sprössling das Träumen ausgetrieben und ihm verboten hätten, stundenlang nur Kartenhäuser zu bauen? Wenn seine Lehrer nicht zugelassen hätten, dass Albert im Unterricht über die Antwort auf eine Frage stundenlang grübelte und Aufgaben unmöglich auswendig lernen konnte? Und wie erstaunlich ist die heitere Selbstauskunft des Weltendenkers über das Geheimnis seines Erfolges, die er später gab. Er habe keine besondere Begabung, meinte der Mann im ausgebeulten Mantel, er sei nur »leidenschaftlich neugierig«.

Wie wunderbar. Aber woran lässt sich nun erkennen, welche besonderen Begabungen und Talente in einem Kind verborgen sind? Einer Begabung folgen ja nicht sofort eine besondere Leistung, ein besonderes Können oder eine besondere Fähigkeit. Eine Begabung oder ein Talent ist zunächst nur eine Möglichkeit, später eine besondere Fähigkeit zu erwerben und bestimmte Leistungen zu erbringen, die sich deutlich von dem unterscheiden, was andere auf einem Gebiet sich anzueignen und zu leisten imstande sind.

Es gibt Experten, sogenannte Talentsucher, die meinen herausfinden zu können, ob ein Kind ein solches besonderes Potenzial in sich trägt. Im Leistungssport sind viele solcher Talentsucher unterwegs. Sie schauen sich die Kinder schon sehr früh an, beobachten ihre Bewegungen, bewerten ihren Willen und geben ein Urteil ab. Diese »Scouts« vermögen vielleicht am Körperbau abzuschätzen, ob ein Kind über besonders günstige Voraussetzungen für spätere Spitzenleistungen verfügt. Aber wenn man bedenkt, dass zum Beispiel wirklich große Sportler wie der Welt-Fußballer Lionel Messi eher klein im Wuchs sind, wird deutlich, wie unzuverlässig solche Prognosen sind.

Ein Talent zu sichten ist also nicht so einfach und gestaltet sich noch schwieriger, wenn es um das frühe Erkennen von musischen, gestalterischen oder intellektuellen Begabungen geht. Da muss man noch genauer hinschauen. Thomas Alfa Edison zum Beispiel, einer der größten Erfinder in der Menschheitsgeschichte, war stets der Schlechteste in seiner Klasse. Marcel Prousts Lehrer fanden seine Aufsätze zum Schreien. Pablo Picasso konnte sich nie an die Reihenfolge des Alphabets erinnern. Giacomo Puccini fiel bei Prüfungen immer wieder durch und Paul Cézanne wurde von der Kunstschule abgelehnt.

Auch all jene Begabungen zu erkennen, die Kinder später in die Lage versetzen, als Führungskräfte in Politik und Wirtschaft herauszuragen, ist nicht leicht. Oder Persönlichkeiten zu werden, welche uns allen großen Respekt abnötigen und Maßstäbe für Engagement und Menschlichkeit setzen. Wer hätte gedacht, dass aus dem kleinen Schulbub Nelson Mandela eine der größten Gestalten der Weltgeschichte werden würde, vergleichbar mit Mahatma Gandhi? Dem Gandhi, der von seinen Schuljahren als der »unglücklichsten Zeit in meinem Leben« sprach? Konnte man ahnen, dass ein armes albanisches Bauernmädchen als Mutter Teresa zur Retterin der Betrübten werden würde? Oder Pummel Winston zum großen Churchill? Diese Menschen geben Zeugnis davon, was alles möglich ist. Und sie sind unübertroffene Genies, wie es Beethoven in der Musik war und Henry Ford als moderner Unternehmer. Wenn man den Erzählungen glauben kann, hat der kleine Henry schon im Alter von sieben Jahren Uhren auseinandergenommen und wieder zusammengesetzt. Und nichts anderes getan als gebastelt und geforscht und gebaut, ehe dann später in seiner Garage ein motorisiertes Gerät auf vier Rädern stand. Ein Auto.

Schaut man genauer hin, wann erkannt worden ist, dass jemand außergewöhnliche Leistungen zu vollbringen oder enorm verantwortungsvolle Positionen auszufüllen imstande ist, gelangt man zu einer sehr ernüchternden Erkenntnis: Gerade diese Menschen sind als kleine Kinder, im Kindergarten, in der Schule und – wenn sie eine besucht haben – auch auf der Universität nicht durch herausragende Leistungen aufgefallen. Im Gegenteil, die meisten von ihnen haben sich eher dadurch hervorgetan, dass sie in Kindergarten, Schule und Berufsausbildung fehl am Platz waren. Die Schule, sagte der norwegische Komponist Edvard Grieg, »entwickelte in mir nichts als das Schlechte und ließ das Gute unberührt«. Genies sind in der Mehrzahl frustrierte Schulabbrecher, unmotivierte Studenten, Eigenbrötler, unangepasste Querdenker und Musterbrecher. Sie haben weder besondere Schulerfolge noch ausgezeichnete Berufsabschlüsse oder hervorragende akademische Examen vorzuweisen. Vielen, die heute unser Leben bereichern, wurde in ihrer Kindheit das Leben schwer gemacht. John Lennon wurde aus dem Kindergarten geworfen und Woody Allen hatte Probleme in der Schule, weil er auf alles achtete, nur nicht darauf, was die Lehrer sagten.

Was wir heute als außergewöhnliche Fähigkeit dieser Menschen bewundern, trat dann zutage, wenn sie taten, was ihnen wichtig war, und nicht, was von ihnen erwartet wurde. Salvador Dalí zeichnete den lieben langen Tag und Pablo Picasso weigerte sich, rechnen zu lernen. Sie malten, forschten, träumten. Und das so konsequent, kompetent und erfolgreich, wie das ihre Eltern,

Erzieher, Lehrer, Ausbilder und Dozenten kaum von ihnen erwartet hätten. Sie bewiesen Charakter, hatten Ausdauer, waren kreativ und eigensinnig. Sie konnten sich so lange Fragen stellen, bis sie Antworten fanden. Sie waren einfach sie selbst und genügten ihren eigenen Ansprüchen. Darunter taten sie es nicht.

Doch in der Schule werden Eigensinn und Charakter nicht positiv bewertet. Die Aufgabe der Lehrer ist es, eine irgendwann formulierte Leistung einzufordern und mit einer anderen zu vergleichen. Dafür gibt es ein Zeugnis und es wird ein Durchschnitt errechnet. Soll sich die Durchschnittsnote verbessern, muss vor allem in den Fächern gelernt werden, die am wenigsten Spaß machen, wo die größten Defizite sind. So gibt es Nachhilfe in Französisch, um von »mangelhaft« auf »ausreichend« zu kommen. Nicht in Englisch, um sich von »befriedigend« auf »sehr gut« zu verbessern. Es ist ein absurdes System, viel Zeit mit dem zu verbringen, was man eher nicht kann. Und nicht mehr Zeit in das zu investieren, was man kann, um richtig gut zu werden. Im System Schule zählt am Ende nur eins: einen passablen Durchschnitt vorweisen zu können. Wer bis dahin dachte, das Leben sei dazu da, um nach Höherem zu streben, dem wird schnell beigebracht, sich lieber am Mittelmaß zu orientieren. Vielleicht stimmt, was der begnadete Aufklärer und Satiriker Georg Christoph Lichtenberg (»Jeder Fehler erscheint unglaublich dumm, wenn andere ihn begehen«) über die Schule sagte: »Ich fürchte, unsere allzu sorgfältige Erziehung erzeugt nur Zwergobst.«

Mehr schlecht als recht hat dieses Ausbildungssystem in den vergangenen Jahrzehnten funktioniert. Irgendwann wurde festgelegt, was man wann zu wissen hat, und über jede richtige Antwort wurde Zeugnis abgelegt. Wer keine Bestnoten mit nach Hause brachte wurde Autoschlosser oder Klempner, wer Arzt werden wollte, musste büffeln. Wenig Zeit wurde auf die Förderung von eigenständigen Persönlichkeiten verwandt und darauf, Potenziale zu erkennen. Wie zum Beispiel bei den Kindern, die wegen eines genetischen Defekts (Trisomie 21) noch vor wenigen Jahren als nicht lernfähig betrachtet wurden. Weil sie in ihrem Aussehen ein wenig an Mongolen erinnern, bezeichnete man sie als »mongoloid«. Oder schimpfte sie »Idioten«; als »Idiot« galt Medizinern und Psychologen lange Zeit ein Mensch mit schweren geistigen Beeinträchtigungen. Heute haben die ersten dieser Kinder Abitur gemacht und studieren. Ihren genetischen Defekt haben sie immer noch; aber sie hatten das Glück, auf Lehrer zu treffen, die nicht daran glauben wollten, dass bei ihnen nichts mehr zu machen sei. Sie begegneten diesen besonderen Kindern respektvoll und akzeptierten ihre Besonderheiten ohne Berührungsängste. Sie verstanden, dass diese Schüler sehr sensibel sind, und ermunterten sie in scheinbar aussichtslosen Situationen. Und ließen sich von ihrem fröhlichen Wesen begeistern. So war plötzlich möglich, was vorher undenkbar erschien.

Doch in der Regel haben unsere Schulen mit Potenzialentfaltung wenig gemein. Und dass immer noch viele Kinder und Jugendliche als unbegabte Versager gelten, bekümmert die für unser Bildungssystem Verantwortlichen nicht. Was vor allem zählt, sind gute Abschlüsse. Ist die Produktion sogenannter Leistungsträger, die Führung übernehmen sollen. Eine gewisse Menge an Versagern hält jedes Bildungssystem aus, solange es nur genügend Eliteschüler und Universitätsabsolventen hervorbringt, die entscheidende Positionen in Wirtschaft, Wissenschaft und Politik zu besetzen imstande sind.

So lautete bislang die Meinung der meisten Bildungsbürger in unserem Land. Deshalb konnte unser Bildungssystem bleiben, wie es war. Und so wird nach wie vor Begabung mit einer guten Schulnote verwechselt. Die Fähigkeit zur Anteilnahme oder die Kunst des Zuhörens sind keine Kategorien, die im Zeugnis oder bei der Besetzung des Studienplatzes eine Rolle spielen. Wer in Deutschland Arzt werden will, muss in Mathe besser sein als im Mitgefühl.

Das aber ist altes Denken. Damit kommen wir heute nicht mehr weiter. Unsere Schulen sind von gestern. Unser antiquiertes Bildungssystem mit seinen Auswahlkriterien ist den neuen Anforderungen nicht mehr gewachsen.

Mehr noch: Immer häufiger erweisen sich die sogenannten *High Performer* als Nieten. Die Musterschüler glänzen mit blendenden Abschlüssen und ausgezeichneten Zeugnissen. Mit Bravour bestehen sie jede Prüfung, sie gehen gerade ihren Weg, und der führt nach oben: Bald schon werden sie die Führung übernehmen. Und doch scheitern viele kläglich an den Anforderungen, die im Berufsleben an sie gestellt werden. Top-Leute, die sorgfältig vorbereitet und gut aufgestellt sind, Einser-Typen, wie man sagt, kommen plötzlich nicht mehr zurecht und enttäuschen die in sie gesetzten Erwartungen.

Wie kann es sein, dass sie sich in wachsendem Maß als ungeeignet erweisen, die an sie gestellten Anforderungen im Beruf zu bewältigen? Sie haben zwar gelernt, sich höchst effektiv und in kürzester Zeit all das anzueignen, was in Schule und Universität von ihnen verlangt wird, aber sie haben nicht gelernt, komplexe Probleme, Unsicherheiten und Risiken zu meistern. Sie waren immer nur erfolgreich, mussten sich selbst nie in Frage stellen, sind nie gescheitert und wissen nicht, mit Misserfolgen umzugehen. Sie haben nicht gelernt, im Team zu arbeiten, und sind nicht in der Lage, ihre Mitarbeiter zu inspirieren. Sie sind perfekt an ein Leistungssystem angepasst, das klar vorgibt, was zu tun ist.

Aber sie können nicht improvisieren, sich einfühlen. Ihnen fehlt die für die wirkliche Entfaltung ihrer Begabungen erforderliche Leidenschaft, die Bereitschaft, eigensinnig neue Wege zu gehen und neue Lösungen zu suchen. Sie sind keine Spitzenkräfte, sondern nur Pflichterfüller geworden.

Aber die werden heute nicht mehr gebraucht. Menschen, die nur auf sich schauen, auch nicht. Die Zeit der Egomanen ist vorbei. In einer zunehmend komplexen Welt kommt es nicht mehr darauf an, eine Rolle zu spielen, sondern man selbst zu sein. Seine Fähigkeiten zu erkennen und auch fähig zu sein, sich mit anderen zu verbinden. Nicht abzugrenzen. In Beziehung zu treten. Den Kontakt zu suchen. Über seinen Schatten zu springen. Das Strecken zu üben, nicht das Beugen. Zu lernen, sich zu öffnen und nicht zu verschließen. Offen zu sein für neue Lösungen. Informationen immer wieder neu miteinander zu kombinieren. Eigensinn, Kreativität, Querdenkertum und soziale Kompetenz sind die Fähigkeiten, die heute von weitaus größerer Bedeutung sind als im vorigen Jahrhundert. Doch all das kann man nicht auswendig lernen oder durch Leistungskontrollen messen. Auf die Herausbildung dieser besonderen Fähigkeiten sind unsere Schulen und Hochschulen nicht vorbereitet.

Die Personalchefs der großen, global operierenden Unternehmen haben offenbar als Erste bemerkt, dass sie sich in der Auswahl der begabtesten Bewerber aus Hochschulen und Universitäten nicht allein auf Zeugnisse und Zensuren verlassen können. Zwar suchen sie nach wie vor die besten Absolventen von Harvard, Oxford oder Cambridge aus, aber vor der Einstellung schicken sie die Bewerber erst einmal für ein Jahr in eine öffentliche Schule, möglichst in ein ärmeres Viertel. Dort bekommen die Elitabsolventen Gelegenheit, eine Schulklasse zu unterrichten. Keine gewöhnliche, eher eine, in die sich kaum noch ein Lehrer wagt. In der Kinder sitzen, die andere Sorgen haben, als dem Unterricht zu folgen. Sie kommen nicht zurecht mit sich und dem Leben ihrer Eltern. Aber sie sind noch bereit, sich begeistern zu lassen, dann, wenn sie merken, dass es einer ernst meint mit ihnen. In diesen Schulen also lernen die selbst ernannten und erfolgsverwöhnten »*Young Leaders*« fürs Leben. Ihr Job ist es, Kindern und Jugendlichen, die ihre Lust am Lernen verloren haben, eine neue Perspektive zu schaffen. Teams zu bilden. Mut zu machen. Tatendrang zu wecken. Und nach Rückschlägen nicht aufzugeben. »*Teach first*« heißt das Programm, und es baut auf Erfahrungen und nicht auf Noten.

Auch die »Studienstiftung des Deutschen Volkes«, die Kaderschmiede für hoch begabte Nachwuchskräfte, hat inzwischen bemerkt, dass hervorragende Schulzensuren keine Topleistungen in Wissenschaft und Technik garantieren. Deshalb vergibt sie ihre begehrten Stipendien immer häufiger an Bewerber, die eher durchschnittliche Schulnoten vorweisen, dafür aber, zum Beispiel, einen Preis beim Wettbewerb »Jugend forscht« gewonnen haben. Und, man ahnt es schon, diese engagierten kleinen Forscher und Tüftler entwickeln sich deutlich besser als die Streber mit besten Schulzensuren. Immer mehr Unternehmer achten auf soziale Kompetenzen.

Wir haben also ein Problem, das es in dieser Weise bisher noch nicht gab. Unser Bildungssystem bietet nicht nur »Minderbegabten« immer weniger Chancen. Es hat auch zunehmend Schwierigkeiten mit den vermeintlich »Mehrbegabten«. Es klappt nicht nur »unten« nicht; auch kommt »oben« nicht mehr das heraus, was heute gebraucht wird. Einige Bildungsexperten wissen darum und manche Wirtschaftsführer sind besorgt. Auch immer mehr Politiker erkennen die Schwierigkeiten. Aber sie haben keinen Plan, wie das System zu reformieren wäre. Es ist schwer, historisch gewachsene Strukturen wie unser Schul- und Ausbildungssystem mit all seinen Richtlinien, Vorschriften und Verwaltungsverordnungen zu verändern. Es nützt nichts, wütend dagegen anzurennen. Lieber sollten wir Fragen stellen, die richtigen Fragen, und uns nicht mit bequemen Antworten begnügen. Vor allem sollten wir hinterfragen, was bisher selbstverständlich schien und sich als Vorurteil in den Köpfen festgesetzt hat: dass es mehr oder weniger »begabte« Kinder und Jugendliche gibt und es daher notwendig sei, diese voneinander zu trennen, um sie ihrer Begabung entsprechend »optimal« fördern zu können.

Also: Was ist dran an unserem jahrhundertealten Begabungskonzept? Was davon ist heute noch sinnvoll und was dient nur noch dazu, alte Selektionskriterien und Organisationsstrukturen eines überkommenen Bildungssystems aufrechtzuerhalten?

Wie lange wollen wir noch an der diesem System zugrunde liegenden Begabungsideologie festhalten? Und können wir uns das überhaupt noch leisten?

Das sind die Fragen, die wir in diesem Buch stellen. Und wir wollen nach Wegen suchen, wie wir aus dieser Sackgasse, in die uns unser bisheriges Begabungskonzept geführt hat, wieder herauskommen.

Wenn man etwas von einer anderen Seite betrachtet, sieht man meist auch etwas anderes. Also Vorsicht, denn es könnte sein, dass Sie sich hier ein Buch besorgt haben, in dem Sie etwas finden, das Ihr bisheriges Bild von dem, was Kinder brauchen, um ihre besonderen Begabungen entfalten zu können, und was wir als Eltern oder Pädagogen bislang unter Erziehung und Bildung verstanden haben, zunichte macht.

Deshalb lehnen Sie sich bitte zurück, atmen Sie tief durch und versuchen Sie alles zu vergessen, was Ihnen zum Thema Förderung der Begabungen von Kindern bisher eingeredet worden ist. Oder welche Vorstellungen

Sie selbst davon haben. Vielleicht gelingt es Ihnen sogar, sich einen Moment lang in die Zeit zurückzuversetzen, als Sie selbst noch ein Kind waren. Vielleicht können Sie sich erinnern, was Sie damals gefühlt, gedacht, gespürt haben. Dass sie mal Prinz werden wollten oder eine Fee und sich im Moment verloren, nur im Augenblick lebten, in einem Zustand, nach dem wir Erwachsene, die Vergangenheit und Zukunft immer mitdenken, eine solch große Sehnsucht haben. Pablo Casals, der große spanische Cellist, hat einmal gesagt: »Jede Sekunde, die wir leben, ist ein neuer und einzigartiger Augenblick im Universum, ein Augenblick, der nie wieder sein wird … Und was lehren wir unsere Kinder? Wir lehren sie, dass zwei und zwei vier ergibt und dass Paris die Hauptstadt von Frankreich ist. Wann werden wir sie lehren, was sie sind? Wir sollten zu jedem von ihnen sagen: Weißt du, was du bist? Du bist ein Wunder. Du bist einzigartig. In all den Jahren, die vergangen sind, hat es nie ein Kind wie dich gegeben. Deine Beine, deine Arme, deine geschickten Finger, die Art, wie du dich bewegst. Aus dir könnte ein Shakespeare werden, ein Michelangelo, ein Beethoven. Du hast die Fähigkeit zu allem. Ja, du bist ein Wunder. Und wenn du dann aufwächst, kannst du jemandem Schaden zufügen, der wie du ein Wunder ist? Du musst daran arbeiten – wir alle müssen daran arbeiten –, damit die Welt ihrer Kinder würdig wird.«

Können Sie sich an solche Momente der Berührung

erinnern? Als Sie Ihr Kind zum ersten Mal in den Armen hielten und vielleicht nicht so große Worte fanden für das Wunder des Lebens? Sprachlos waren vor Glück und sich über jede Regung und Bewegung freuten? Darüber, dass Ihr Kind Ihnen ein Lächeln schenkte und Ihre Augen sich mit Tränen der Rührung füllten? Wie Sie hingerissen waren von diesem Moment und Sie sich vielleicht darüber klar wurden, dass mit jedem Menschen auch immer eine neue Welt entsteht.

Schauen Sie sich jetzt Ihr Kind oder das Ihnen anvertraute Kind noch einmal an und fragen Sie sich ganz gelassen, ohne inneren Druck, ohne Vorurteile und Bewertungen, wen Sie da sehen. Wenn Sie der Meinung sind, wer da vor Ihnen steht, sei, zum Beispiel, ein unerzogenes Kind, müssten wir Sie bitten, noch einmal von vorn anzufangen. Denn das wäre ja schon eine Bewertung. Also: Lehnen Sie sich noch einmal zurück und versuchen Sie zu vergessen, welche Vorstellungen Sie oder andere davon haben, wie ein Kind gefälligst zu sein hat. Vielleicht müssen Sie diese Übung auch noch drei- oder viermal wiederholen. Aber irgendwann werden Sie verstehen, wer da vor Ihnen steht: ein Kind, das sich im Leben zurechtzufinden versucht. So, wie Sie damals, als Sie noch klein waren. Und so, wie Sie es auch jetzt noch immer versuchen. Und Sie sehen ein Kind, das leben will, das glücklich sein und gemocht werden will, wie Sie. Und das vor allem so gesehen werden möchte, wie es ist, und nicht so, wie es sein sollte. Ihr Kind, jedes Kind sucht also in Wirklichkeit genau das, was Sie sich im Grunde Ihres Herzens auch wünschen. Denn das ist unsere Sehnsucht: erkannt zu werden. Wir wollen erkannt werden in unserem Wesen, mit unseren Stärken und Schwächen, und so wollen wir auch geliebt werden.

Je schwerer es Ihnen fällt, ein Kind mit diesem offenen Blick zu betrachten, desto glücklicher macht es uns, dass Ihnen dieses Buch in die Hände gefallen ist. Es sind ja, wenn Sie ehrlich sind, in erster Linie Ihre Sorgen und Ängste, verbunden mit Ihren Hoffnungen und Erwartungen, mit denen Sie Ihr Kind anschauen. Und diese angstbesetzten Vorstellungen tragen Sie nicht ohne Grund mit sich herum. Die haben Sie, weil Ihnen das Schicksal dieses Kindes, weil Ihnen seine Zukunft so sehr am Herzen liegt. Gleich, ob Sie als Mutter oder Vater die Last der Verantwortung für sein Wohlergehen und seine Zukunftsaussichten tragen. Oder ob Sie als Großeltern besorgt zusehen, was aus Ihren Enkelkindern wird. Oder ob Sie sich dafür entschieden haben, Kinder auf ihrem Weg ins Leben in Kindergärten und Schulen zu begleiten. Und bisweilen verzweifelt darüber sind, dass es so viele Kinder gibt, die ganz anders sind, als Sie es sich wünschen. Oder ob Sie sich in therapeutischen Einrichtungen darum bemühen, all jenen Kindern zu helfen, die sich so schwer damit tun, den Erwartungen von Elternhaus, Kindergarten und Schule gerecht zu werden. Es kommt nicht darauf an, wo und in welcher Rolle Sie Kinder auf ihrem Weg ins Leben begleiten. Je komplizierter die Welt wird, in die unsere Kinder hineinwachsen, desto dringender sind sie auf kompetente Unterstützung angewiesen. Doch die Meinungen darüber, wie diese auszusehen hat, gehen nicht erst seit heute stark auseinander.

Es gab Zeiten, in denen Kinder großen Härten und Entbehrungen ausgesetzt wurden, um sie auf das Leben vorzubereiten. Und es gab Zeiten, da haben sie bekommen, was sie wollten. Es gab Argumente für den einen wie den anderen Erziehungsstil. Eltern, die während ihrer eigenen Kindheit unter Härten und Entbehrungen zu leiden hatten, bemühten sich verständlicherweise darum, ihren Kindern solches Leid zu ersparen. Sie neigten eher dazu, ihre Kinder zu verwöhnen. Väter und Mütter, die als Kinder alles durften, wurden meist recht strenge Eltern.

So hat sich, was wir Erziehung nennen, stets verändert. Doch es waren immer die Vorstellungen von Erwachsenen, die das Bild einer »richtigen« Erziehung und einer »optimalen« Bildung prägten. Wie Kinder auf das Leben vorbereitet werden, hing immer davon ab, was ihre Eltern, Erzieher und Lehrer für richtig hielten. Selten davon, was vielleicht gut für sie war. Ob ihre Bedürfnisse erkannt wurden, ihre Hoffnungen, ihre Sehnsüchte. Kinder hatten zu folgen und sich zu fügen, mal mehr, mal weniger. Und sie sollten funktionieren, mal weniger, mal mehr.

Heute aber wissen wir mehr denn je über die Entwicklung des Menschen. Wir erfahren, was Kinder alles vermögen, von Anfang an. Babys können mit vier Monaten bereits Fremdsprachen erkennen, sie unterscheiden zwei Monate später bereits zwischen Gut und Böse. Mit neun Monaten beginnen sie, absichtsvolles Handeln zu begreifen, und nur wenige Monate später haben sie eine Ahnung davon, was wie zusammenpasst. Erst in den vergangenen Jahrzehnten haben Wissenschaftler begonnen, sich mit den Fähigkeiten von Kindern auseinanderzusetzen, und Techniken entwickelt, um herauszufinden, was in ihren Köpfen vor sich geht. Und doch wissen wir immer noch zu wenig. Erst jetzt, zum Beispiel, konnten englische Wissenschaftler nachweisen, dass ein Fötus bereits zwischen der 35. und 37. Schwangerschaftswoche zwischen unangenehmen und eher schmerzhaften Empfindungen unterscheiden kann. Noch vor 25 Jahren wurden Frühchen ohne Narkose operiert. Man wusste es damals nicht besser.

Wir laden Sie deshalb ein, nach Antworten auf Fragen zu suchen, die in den vielen Ratgebern dazu, wie man Kinder noch besser erziehen und bilden kann, gar nicht gestellt werden. Unsere Fragen passen auch nicht dorthin, denn uns geht es um etwas anderes. Wir möchten Sie ermutigen, mit uns auf die Suche zu gehen nach unentdeckten Schätzen, nach Potenzialen. Ahnungen nachzuspüren und Ideen zu entwickeln, wie es auch anders gehen kann. Und nicht auf all die Gerätschaften und Computerprogramme, auf die Ratschläge von sogenannten Experten, Erziehungshelfern und Bildungsverbesserern zu vertrauen. Es könnte ja sein, dass es eine optimale Erziehung und Bildung gar nicht gibt, dass es sich bei dem, was wir damit erreichen wollen, nur um eine Idee handelt, eine Vorstellung, die sich im Lauf der Menschheitsgeschichte oft genug geändert hat. Und sich wohl auch in Zukunft wieder ändern wird.

Wir werden nicht verhindern können, dass die erwachsenen Mitglieder einer menschlichen Gemeinschaft sich in jeder Generation immer wieder einbilden, sie wüssten genau, wie Kinder zu erziehen und zu bilden sind. Das haben alle vor uns auch schon gedacht, die Vertreter der antiautoritären Bewegung der 1968er ebenso wie die Kommunisten oder die Nationalsozialisten. Und immer wurden Erziehungsmethoden und Bildungsprogramme entwickelt, die dazu dienen sollten, bestimmte Vorstellungen davon, worauf es bei der Erziehung und Bildung der jeweils nachfolgenden Generation ankam, so effizient wie möglich umzusetzen. Deshalb lautet die entscheidende Frage nicht, wie Kinder und Jugendliche erzogen und gebildet werden sollten, sondern wofür. Schließlich ist denkbar, dass unsere heutigen Vermutungen und Vorstellungen darüber, worauf es in ihrem Leben später einmal ankommt, falsch sind. Vielleicht ist es gar nicht wichtig, möglichst gut zu funktionieren und möglichst viel zu wissen. Vielleicht werden in Zukunft vor allem solche Menschen gebraucht, die gerade nicht so funktionieren wie alle anderen. Die nicht stillhalten und auf den nächsten Auftrag warten. Und vielleicht hilft ihnen all das Wissen, das sich unsere Kinder in Kindergarten, Schule und Universität aneignen sollen, später nicht weiter.

Leben ist mehr als die Jagd nach guten Zensuren. Leben ist mehr als die Vorbereitung auf ein Examen. Kinder können mehr, als auf Zeugnisse zu schielen. Wir demütigen sie, wenn wir ihre Leistungen nur auf die in der Schule erzielten Noten reduzieren. Immer mehr Eltern verstehen sich als Manager oder Trainer ihrer Kinder. Dieser Vorstellung liegt die Haltung zugrunde, Kinder seien im Grunde irgendwie defekt. Weil ihnen etwas fehlt, müssten die Eltern eingreifen.

Aber die Kinder haben es satt, ständig korrigiert und kritisiert zu werden, sie haben es auch nicht verdient. Sie sind kompetent und wollen Verantwortung übernehmen, für sich und im besten Fall auch für andere. Sie sind, von klein auf, eigene Persönlichkeiten mit eigenen Bedürfnissen. Sie haben eigene Erinnerungen und Erfahrungen gesammelt, sich eigene Fähigkeiten und Fertigkeiten angeeignet. Sie gehören niemandem, nur sich. Sie sind Adler. Keine Suppenhühner.

Damit unsere Kinder all die vielen Talente und Begabungen entfalten können, die in ihnen angelegt sind, müssten wir sie ohne Ängste und Sorgen und ohne vorgefertigte Vorstellungen und Absichten anschauen. Dazu müssten wir uns auf sie einlassen und mit ihnen wirklich in Beziehung treten. Aber nicht in eine Beziehung, wie wir sie zwischen einem Vorgesetzten und einem Untergebenen oder einem Gebildeten und einem noch zu Bildenden kennen. Es müsste eine Beziehung sein, in der sich zwei Menschen begegnen, die zwar verschieden sind, aber bereit, voneinander zu lernen. Die Lust darauf haben, die Welt gemeinsam zu entdecken und zu gestalten. Wir müssten also lernen, unseren Kindern auf Augenhöhe zu begegnen. Es macht nichts, wenn wir dabei gelegentlich in die Hocke gehen.

2 Mehr als ein Wunder: Welche Begabungen unsere Kinder mit auf die Welt bringen

Wenn wir von besonders begabten Menschen sprechen, denken wir an solche, die etwas geleistet haben, was wir bewundern und wovon wir glauben, dass es ein »normaler« Mensch nie zustande bringt. Weil wir uns nicht vorstellen können, dass jemand zu solch außergewöhnlichen Leistungen fähig ist, wenn er nicht schon mit einem besonderen Talent dafür auf die Welt gekommen ist, glauben wir, diese Begabungen seien angeboren. Und weil wir nicht wissen, wie es zur Herausformung solcher angeborener Talente kommt, machen wir dafür genetische Anlagen verantwortlich. Wir betrachten es als glückliche Fügung und sind uns sicher, dass sich so großartige Lebenswerke wie die eines Wolfgang Amadeus Mozart, eines Albert Einstein, eines Alexander von Humboldt oder eines Pablo Picasso nicht wiederholen lassen, auch wenn man sich noch so sehr anstrengt und noch so viel übt und trainiert. Das ist unsere feste Überzeugung, und deshalb bemühen wir uns, als Eltern und Erzieher bereits sehr früh darauf zu achten, ob ein Kind eine außergewöhnliche Begabung zeigt, um ihm die Möglichkeit zu geben, sein Talent optimal zu entfalten. Auf den ersten Blick klingt das alles ganz logisch und überzeugend. Auf den zweiten weniger.

Das beginnt bereits damit, dass man sich fragen muss, ob Picasso, Einstein oder Mozart auch in anderen Kulturkreisen und zu anderen Zeiten von ihren Mitmenschen und Zeitgenossen als hochbegabt betrachtet worden wären. Von Amazonasindianern oder den Aborigines in Australien beispielsweise oder von den Menschen aus Mitteldeutschland zur Zeit der Kreuzzüge. Sehr wahrscheinlich gelten dort und galten damals ganz andere Personen als hochbegabt. Der Bewertungsmaßstab für das, was eine bestimmte Kultur zu einer bestimmten Zeit für eine besondere Begabung hält, ist also nicht überall und jederzeit derselbe. Was als besondere Begabung gilt, ist immer abhängig von dem, was Menschen dort, wo sie gerade leben, als besonders wichtig und wertvoll erachten. Früher kam es eher darauf an, ein Feld bestellen zu können. Heute eher darauf, einen Computer zu bedienen. Offenbar hat das, was wir als eine besondere Begabung oder ein Talent bewerten, keine absolute Gültigkeit.

Dieser Umstand stellt aber unsere gesamten Ansichten über eine besondere Begabung in Frage. Wenn ein Kind beispielsweise extrem gut auf Bäume steigen und klettern kann, ist es dann nicht genauso hoch begabt wie ein anderes Kind, das schon als Grundschüler ein mathematisches Problem löst, an dem sich erwachsene Mathematiker die Zähne ausbeißen?

Hier müssen wir wohl noch an unseren Vorstellungen arbeiten. Und vor allem müssen wir uns fragen, welche Auswirkungen unsere vom gegenwärtigen Zeitgeist geprägten Ansichten darüber, was wir für eine besondere Begabung halten, auf diejenigen haben, die wir diesen Ansichten folgend als begabter oder unbegabter bewerten. Für die Objekte derartiger Bewertungen, für die betreffenden Kinder, hat beides eine gleichermaßen ungünstige Konsequenz: Die einen halten sich für bessere und wertvollere Mitglieder unserer gegenwärtigen Gesellschaft. Die anderen halten sich für minderwertig und fühlen sich ausgeschlossen. Hilfreich ist das weder für die einen noch für die anderen.

Ein zweites, eher theoretisch interessantes Argument, das unsere Vorstellungen von besonderen Begabungen fragwürdig erscheinen lässt, ist der Umstand, dass die Molekularbiologen trotz großer Anstrengungen und enormer finanzieller Unterstützung bisher nicht in der Lage waren, auch nur eine einzige genetische Konstellation aufzuspüren, die dafür verantwortlich gemacht werden könnte, dass ein Kind eine außergewöhnliche Begabung herausbildet.

Auch wenn es schwerfällt, werden wir uns eingestehen müssen, dass es kein spezielles »Mozart-« oder

»Einstein-Gen« gibt. Noch nicht einmal in der Struktur des Gehirns der verstorbenen Personen, die wir nach unseren Maßstäben für besonders begabt halten, ließ sich ein besonderer Aufbau oder eine spezielle Art der Vernetzung finden. Was anderes aber als ein ganz besonders aufgebautes Gehirn hätten die genetischen Anlagen dieser in unseren Augen besonders begabten Personen lenken sollen? Das ist das nächste Problem, über das es sich nachzudenken lohnt.

Die meisten Forscher auf dem Gebiet der Hochbegabung versuchen es gegenwärtig durch die Erklärung zu lösen, ein außergewöhnlich günstiges Zusammenwirken von noch unbekannten genetischen Anlagen mit nicht genau bekannten »Umweltfaktoren« bewirke, dass manche Kinder begabter zur Welt kommen als andere. Doch diese Erklärung ist nichts anderes als das Eingeständnis der Experten, keine Idee und keine Erklärung dafür zu haben, warum manche Kinder bestimmte Fähigkeiten besser herausbilden als andere. Angesichts dieser allgemeinen Ratlosigkeit über den Ursprung der besonderen Begabungen und der Fragwürdigkeit dessen, was wir gegenwärtig für eine besondere Begabung halten, lässt sich eigentlich nur eine einzige Schlussfolgerung ableiten: Jedes Kind ist hoch begabt. Das eine für das, das andere für jenes, und kein Kind hat damit ein Problem. Wer daraus ein Problem macht, das sind wir. Deshalb mag es hilfreich sein, wenn wir uns im Folgenden etwas genauer anschauen, welch wunderbare Talente jedes Kind bei seiner Geburt bereits mit auf die Welt bringt und was wir daraus machen.

Liebe und Zuneigung

Wir können nicht erkennen, ob Babys ihre Eltern und das Leben lieben. Aber alles, was sie uns zeigen, spricht dafür, dass unsere Kinder als Liebende geboren werden. Nicht als liebende Menschen mit einer bewussten, reflektierten und reifen Haltung, wie wir sie als Erwachsene entwickeln können; eher mit einer inneren Veranlagung, einem im Gehirn bereits verankerten und ihre Verhaltensreaktionen lenkenden Grundmuster.

Neurobiologen und Säuglingsforscher haben mittlerweile entdeckt, dass sich das menschliche Gehirn bereits vor der Geburt anhand von Signalmustern strukturiert, die vom eigenen Körper und dem der Mutter ausgehen. Unabhängig davon, wie die Schwangerschaft im Einzelnen verläuft, erlebt jedes Ungeborene, dass es größer wird, dass es eine Fähigkeit nach der anderen erwirbt und jeden Tag ein kleines Stück über sich hinauswächst. Es ist in diesem eigenen Wachstums- und Entwicklungsprozess aufs Engste mit der Mutter verbunden. Diese unbewusste Erfahrung wird im ältesten Teil des Gehirns gespeichert. Jedes Kind trägt also, wenn es auf die Welt kommt, ein unbewusstes Wissen in sich, dass Verbundenheit und eigenes Wachsen gleichzeitig möglich sind. Damit machen sich alle Neugeborenen auf ins eigene Leben. Und diese vorgeburtliche Erfahrung bestimmt, was sie fortan suchen: dass es so weitergeht, dass sie auch weiterhin in enger Verbundenheit wachsen und neue Erfahrungen machen, Kompetenzen erwerben und Eigenständigkeit erlangen. Das Neugeborene sucht sofort nach Nähe und Geborgenheit, um sein Bedürfnis nach Verbundenheit zu stillen. Deshalb tut das Baby auch, was es kann, damit die Liebe gelingt.

Es tut, was es kann, ohne sich dabei anstrengen zu müssen. Das ist das Besondere an der Art und Weise, wie Kinder ihre Eltern lieben. Sie müssen sich keine Mühe geben oder auf alte Verhaltens- und Bewertungsmuster zurückgreifen, denn sie haben noch keine im Gehirn gebahnten Gewohnheiten und Vorurteile herausgebildet. Sie haben auch – zumindest ganz am Anfang – noch keine schlechten Erfahrungen gemacht. Misstrauen kennen sie noch nicht, deshalb müssen sie es auch nicht unterdrücken oder überwinden. Sie können einfach so sein, wie sie sind. Und sie gehen davon aus, richtig zu sein, so, wie sie sind. Freundliche Wesen, der Liebe wert. Liebenswert.

Die Liebe wächst von Anfang an. Jedes Kind hat ja nicht nur erlebt, wie es im Bauch der Mutter sicher und geborgen war. Es lernt dort mit jedem Tag auch seine Mutter besser kennen. Es hört das Rauschen des Blutes in den Adern, die Geräusche des Magens und des Darms, es spürt den Herzschlag. Und bekommt mit, in welcher Stimmung seine Mutter ist. Fühlt sich die Mutter sicher und geliebt, überträgt sich dieses Gefühl. Jedes Lachen und jedes Lächeln machen gute Laune.

Und mit jedem Schluck vom Fruchtwasser erfährt das Ungeborene, was die Mutter gern isst und trinkt. Das Fruchtwasser enthält Pheromone; diese Duftstoffe werden auch von der Haut der Mutter, besonders von ihren Brustwarzen, abgesondert. Aromastoffe gelangen ebenfalls in das Fruchtwasser: Deshalb mögen Neugeborene, deren Mütter während der Schwangerschaft zum Beispiel gern Zimtplätzchen gegessen haben, den Duft von Zimt. Oder den von Knoblauch, Anis oder Kakao, was immer die Mutter mochte. So findet das Kind schon in der Muttermilch Duftstoffe wieder, die es schon aus seinem vorgeburtlichen Leben kennt.

Natürlich weiß auch jedes Neugeborene um das Gefühl des Schaukelns; Kinder lieben es, im Arm gewiegt zu werden. Manche mögen es heftiger, manche vorsichtiger, je nachdem, wie sich die Mutter schon während der Schwangerschaft am liebsten bewegt hat. Vertraut ist auch die mütterliche Stimmmelodie und vertraut sind gern gesungene Lieder. Inzwischen haben Forscher sogar herausgefunden, dass ein Baby von einer deutsch-

40

sprachigen Mutter deutsche Laute lieber mag als die einer anderen Sprache. Deshalb lernen deutsche Babys am leichtesten Deutsch und die Kinder chinesischer Mütter eben Mandarin.

Die vorgeburtlich gemachten Erfahrungen führen dazu, dass jedes Kind seine Mutter nach der Geburt in dieser für es fremden Welt sofort wiedererkennt und sich bei ihr geborgen fühlt. Es ist auch ein Wissen um Beziehungen: zu sich und der Mutter, zumindest für die erste Zeit. Das spätere Aneinandergewöhnen bleibt dennoch kompliziert und verträgt weder Aufregung noch Verwirrung. Sich zu lieben, das wird sehr schnell klar, heißt eben für beide – für das Baby wie auch für seine Eltern –, sich aufeinander einzulassen, sich aufeinander verlassen zu können.

Wir haben früh Liebe erfahren und wollen auch weiterhin geliebt werden. Wir sind »Kinder der Liebe«, wie alte Mütter gern sagen, die dasselbe schon von ihren Müttern gehört haben. Und man horcht auf. Drei Wörter, die weit über das persönliche Glück hinausweisen, das wir als Eltern empfinden. Sie erinnern an das universelle Wissen, dass wir Menschen ohne Liebe nicht das wären, was wir sind.

Liebende müssen behutsam sein und vorsichtig, wenn sie das Strohfeuer einer anfänglichen Begeisterung nicht ersticken wollen. Das Vertrauen muss wachsen, es speist sich aus der Erfahrung, dass die Dinge gut sind. Liebevolle Beziehungen brauchen Geduld, brauchen Ausdauer, wir brauchen Zeit. Und die Verlässlichkeit, dass Regeln eingehalten werden und Absprachen eine Bedeutung haben.

Dass Eltern ihre Kinder lieben, ist wie eine Art Sicherung von der Natur vorgegeben. Dafür sorgen Hormone, sie bereiten die werdende Mutter noch während der Schwangerschaft auf die Geburt vor und werden in der Geburtsphase ausgeschüttet. Oxytocin zum Beispiel befördert Gebärmutterkontraktionen und kann ekstatische Glücksgefühle auslösen; deshalb heißt es Liebeshormon.

Und auch das Baby tut, was es kann, damit die Liebe gelingt. Es schenkt der Mutter ein umwerfendes Lächeln, wenn sie sich so verhält, wie es das Kind erwartet. Für dieses Geschenk muss sich die Mutter so weit herunterbeugen, dass zwischen ihr und ihrem Baby ziemlich genau 25 Zentimeter Abstand sind, weil Neugeborene nur in dieser Entfernung scharf sehen. So erzwingen sie Nähe. Sie reagieren nicht, sollte sich die Mutter ihnen von der Kopfseite nähern und sie plötzlich einen Menschen mit dem Mund über den Augen entdecken. So einen kennen sie nicht, das sind sie nicht gewohnt, das macht ihnen Angst.

Schon früh stellt sich bisweilen heraus, dass Babys eine ganz andere Vorstellung von einem glücklichen Zusammensein haben als Erwachsene. Wir meinen, sie vielleicht mal ein paar Minuten allein lassen zu können, doch diese empfindsamen Wesen schreien sich die Seele aus dem Leib, wenn sie den Menschen ihres Vertrauens einen Moment aus den Augen verlieren. Die Mutter geht nur in ein anderes Zimmer, aber für die Kleinen ist es so, als würde sie in ein fremdes Land reisen, den Kontinent wechseln. Sie fühlen sich verlassen, sie fürchten sich vor dem Nichts, sie haben Todesangst; damit können wir dieses tieftraurige Gefühl vergleichen. Und nur ein Lächeln kann sie erlösen. Die Beruhigung, dass alles gut ist. So lernt ein Kind, mit jeder Faser seines Körpers, dass sein Fühlen wahrgenommen wird. Dass es richtig ist. Und wichtig. Die Liebe hält es am Leben. Nie wieder ist ein Mensch in der Lage, sich so vorbehaltlos hinzugeben wie ein Baby in den Armen seiner Eltern.

Nicht alle Kinder haben das Glück, in eine Welt hineinzuwachsen, in der sie die Erfahrung von liebevoller Geborgenheit machen können. Aber jedes Kind ist bereit, alles zu tun, um sein tiefes Bedürfnis nach Verbundenheit zunächst bei der Mutter und später auch bei dem Vater oder anderen Bezugspersonen zu stillen. Deshalb haben Kinder ein sehr feines Gespür für die Wunschbilder ihrer Eltern. Nur allzu gern übernehmen sie die Rolle, die man ihnen zuweist, und vollbringen bisweilen ganz außergewöhnliche Leistungen. Nicht selten führt das allerdings dazu, dass solche besonders »braven« Kinder sich deshalb irgendwann später selbst nicht mehr mögen und ihre Verzweiflung darüber in selbstdestruktivem Verhalten zum Ausdruck bringen, zum Entsetzen ihrer ahnungslosen Eltern.

Andere Kinder scheitern bereits bei ihren ersten An-läufen auf der Suche nach Liebe und Geborgenheit. So sehr sie sich auch anstrengen, sie können es ihren Eltern nicht recht machen. Sie haben von Beginn an keine Ge-legenheit, ihre Liebe zu ihren Eltern zum Ausdruck zu bringen. Ihnen bleibt meist keine andere Wahl, als ihr Bedürfnis nach Verbundenheit sehr früh zu unterdrü-cken und sich den elterlichen Erziehungsversuchen, wo immer das möglich ist, zu entziehen.

Manche Kinder aber haben Eltern, die sie liebevoll annehmen, so, wie sie sind. Die nicht von ihnen er-warten, dass sie ihre eigenen geheimen Wünsche erfül-len, und die nichts aus ihnen »machen« wollen. Die sie nicht benutzen, um ihre eigene Bedürftigkeit zu stär-ken oder sie gar als Sexual- oder Ausstellungsobjekte missbrauchen. Das sind all jene Kinder, die von ihren Eltern wirklich geliebt werden. Diesen Kindern gelingt es, in Verbundenheit mit ihren Eltern und einer später wachsenden Zahl anderer Menschen ihre angeborene Offenheit, ihre Entdeckerfreude und Gestaltungslust zu bewahren und dabei immer freier und autonomer zu werden. So können sie ihre Potenziale entfalten und Liebende bleiben, ein Leben lang. Weil sie selbst geliebt worden sind. So, wie sie sind.

Offenheit und Entdeckerfreude

Stellen Sie sich vor, Sie wären als Amazonasindianer auf die Welt gekommen. Dann hätten Sie gelernt, 120 verschiedene Grüntöne zu unterscheiden und zu benennen. Und in Ihrem Gehirn wären die dazu erforderlichen neuronalen Verschaltungsmuster von ganz allein immer stärker stabilisiert worden. Einfach deshalb, weil es im Regenwald, wo es viele Grüntöne gibt, wichtig ist, den einen vom anderen unterscheiden zu können. Und wenn Sie in Grönland als Inuit geboren worden wären, hätten Sie gelernt, den Schnee zu »lesen« und so die vielen Formen von Eis und feinen Kristallen exakt zu benennen. Sie hätten auch an irgendeinem anderen Ort der Erde aufwachsen können. Überall wäre ein anderes Wissen für Sie besonders wichtig gewesen. Weil jede einzelne Familie, in die Sie an einem bestimmten Ort hineingewachsen wären, eine ganz besondere Familie ist, und weil in jeder Familie auf ganz bestimmte Dinge mehr Wert gelegt wird als auf andere, hätten Sie sich zu eigen gemacht, worauf es in dieser Familie besonders ankommt. Überall hätten sich in Ihrem Gehirn Nervenzellen verknüpft, in manchen Bereichen wären komplexere, in anderen einfachere Verschaltungsmuster entstanden.

Die genetischen Anlagen eines Menschen legen nicht fest, wie sich die Milliarden von Nervenzellen im sich entwickelnden Gehirn miteinander vernetzen sollen. Sie sorgen lediglich dafür, dass zunächst ein Überschuss an Nervenzellen und an Vernetzungen zwischen diesen Nervenzellen bereitgestellt wird. Am Anfang herrscht also in unserem Gehirn ein riesiger Überschuss an Verknüpfungsmöglichkeiten. Der Tisch ist reich gedeckt, wir müssen nur noch Platz nehmen.

Mit jedem neuen Tag in der Wunderwelt entscheidet sich, welche dieser anfänglich bereit gestellten Nervenzellvernetzungen stabilisiert werden, welche erhalten bleiben und welche verkümmern. Was sich gut entwickelt und was weniger. Dabei kommt es auf Erfahrungen, Anregungen, Ermutigung und Belohnung an, die ein Kind macht, also auf die Signale, die im Gehirn empfangen und ausgewertet werden.

Welche Nervenzellen und welche Verknüpfungsangebote später wirklich gebraucht und deshalb stabilisiert werden, entscheidet sich also in Abhängigkeit davon, wie und wofür das Gehirn tatsächlich benutzt wird.

Die ersten Signale, die in den zuerst herausgeformten, älteren Bereichen des Gehirns eintreffen, kommen aus dem eigenen Körper: Auf diese Weise »lernt« das Gehirn des ungeborenen Kindes anhand der aus seinem Körper »nach oben« weitergeleiteten Signalmuster, welche der im Überschuss bereitgestellten Nervenzellen und Nervenzellverknüpfungen tatsächlich »gebraucht« und regelmäßig aktiviert werden. Und es »lernt« dabei auch, welche Antwortmuster geeignet sind, diese Signale so zu verarbeiten, dass es zu keinen Störungen der weiteren Entwicklung innerhalb des Körpers oder des Gehirns kommt. Diese Netzwerke werden stabilisiert und bleiben erhalten. Der Rest wird wieder abgebaut und verschwindet.

So kommt jedes Kind als unverwechselbares Wesen auf die Welt. Mit einem Gehirn, das genau zu seinem Körper passt. Das optimal darauf vorbereitet ist, auf alles gut reagieren zu können, was in und mit seinem Körper passiert. Und mit dessen Hilfe es auch fähig ist, eine gute Beziehung zur Mutter aufzubauen. Die Herausbildung einer solchen Sicherheit bietenden Bindung ist entscheidend dafür, dass ein Neugeborenes die von ihm mitgebrachte und in seinem Gehirn angelegte Offenheit für alle möglichen Erfahrungen nicht verliert. Sicher gebundene Kinder erkennt man nicht daran, dass sie am Rockzipfel der Mutter hängen. Sondern daran, wie sie aufmerksam und interessiert die kleinen und großen Dinge um sich herum entdecken und studieren. Wie sie Codes entschlüsseln, Geheimnisse aufdecken, das Leben lernen. Immer in der Gewissheit, dass ihnen jemand zur Seite steht und Hilfe bietet.

Um den Umgang mit Gefühlen zu lernen und Vertrauen zu entwickeln, müssen Kinder die Erfahrung machen: Ich bin wichtig. Dieses Lernen gelingt nur im Schutz einer liebevollen Beziehung. Kleine Kinder suchen immer wieder nach Bestätigung, dass gut ist, was sie tun. So ermutigt, wagen sie den nächsten Schritt. Ein Baby von drei bis sechs Monaten braucht die Sicherheit der mütterlichen Rückmeldung innerhalb einer Sekunde. Wird ein fragender Blick nicht erwidert, wendet sich das Kind ab.

Jede neue Entdeckung, jede neue Erkenntnis und jede neue Fähigkeit lösen im Gehirn von Kindern einen für uns Erwachsene kaum noch nachvollziehbaren Sturm der Begeisterung aus. Diese Begeisterung über sich selbst und über all das, was es noch zu entdecken gibt, ist der wichtigste »Treibstoff« für die weitere Entwicklung des Gehirns. Sicher gebundene Kinder erleben jeden Tag ganze Serien solcher Begeisterungsstürme. Sie sind hingerissen von neuen Erlebnissen und überwältigt von dem, was ihnen mit jedem Tag besser gelingt. Wenn ihnen eine Entdeckung unter die Haut geht, werden die emotionalen Zentren im Mittelhirn aktiviert. Dann setzen diese Zellgruppen vermehrt sogenannte neuroplastische Botenstoffe frei. Sie wirken wie Dünger auf die in diesem Zustand der Begeisterung aktivierten neuronalen Netzwerke. Sie bringen die Nervenzellen dazu, all jene Eiweiße vermehrt herzustellen, die für das Auswachsen neuer Fortsätze und für die Neubildung und Stabilisierung von Nervenzellkontakten gebraucht werden. Deshalb lernt jedes Kind all das besonders gut, was Begeisterung bei ihm auslöst. Und Begeisterung entsteht nur, wenn etwas wichtig ist für das Kind. Wenn es das Kind wirklich interessiert, weil es für das Kind bedeutsam ist. So einfach ist das mit der Begeisterung am eigenen Entdecken.

Und doch ist diese Begeisterungsfähigkeit von Kindern umso schwerer aufrechtzuerhalten, je älter sie werden. Das liegt nicht nur daran, dass sie mit der Zeit immer mehr bereits entdeckt und kennengelernt haben. Ein zusammengeknülltes Stück Papier ist eben nur so lange interessant, wie ein Kind noch nicht weiß, was es ist. Solange es noch intensiv untersucht, auseinandergefaltet, zerrissen und zerkaut werden kann, um herauszufinden, wie es beschaffen ist. Später wird dann auch spannend, wofür dieses Stück Papier verwendet werden kann. Normalerweise würde diese spielerische Erkundung der Welt so immer weitergehen. Aber allzu oft wird dieser Prozess von jemandem behindert, der genau zu wissen glaubt, was man zum Beispiel mit einem zusammengeknüllten Stück Papier anfangen sollte. Der es dann in den Papierkorb wirft und dem Kind erklärt, dort gehöre es hin. Damit ist der Spaß erst einmal vorbei. Das

Kind befördert fortan nun vielleicht alle Papierschnip-sel in den Papierkorb und freut sich bestenfalls noch da-rüber, dass es Vater und Mutter damit eine Freude ma-chen kann. Und es merkt sich, dass Papier in einen Korb gehört. Weil sich so die Eltern freuen: prima gemacht!

Vielleicht kommt aber auch ein anderer Erwachsener und sagt dem Kind, dass man Papierreste auch einfach liegen lassen kann. Oder dass die Männer von der Stadt-reinigung dafür zuständig seien. Und so weiter.

So lernen Kinder von Tag zu Tag mehr über das reale Leben, aber mit jeder dieser Belehrungen verschwin-det auch ein Stück ihrer ursprünglichen Begeisterung.

Die anfangs blühende Phantasie erlischt, wenn Er-wachsene mit Vernunft argumentieren und Träume zum Platzen bringen. Wenn ihre großartigen Entdeckungen kleingeredet oder relativiert werden.

Und es wird weiter belehrt, zu Hause, im Kindergar-ten und nicht zuletzt in der Schule. Irgendwann ist das Kind dann so gut erzogen und so gut belehrt worden, dass es weiß und sich gemerkt hat, was wir Erwachse-ne für wichtig halten. Es funktioniert nun immer bes-ser, aber es freut sich immer weniger über all das, was es selbst und ganz allein entdecken kann. Interessant ist irgendwann nur noch das, was die für ein Kind maß-geblichen Personen dafür halten. Sie bestimmen, was wichtig ist und was nicht. Was einen Begeisterungssturm wert ist und was nicht.

Das Kind wird so zunehmend befangen; womöglich wagt es sich an nichts Neues mehr heran und traut sich allein immer weniger zu. Es verschließt sich gegenüber der Welt und gegenüber seinen ständig mahnenden Lehrern und Eltern. Nur wenigen Kindern bleibt diese Erfahrung der Enttäuschung erspart. Nur wenige erhalten sich ihre ursprüngliche Offenheit. Und werden vielleicht zu »schwierigen«, »unerziehbaren«, »frechen« und »eigenwilligen« Kindern, die anderen später mit ihrer ungebremsten Begeisterung über sich selbst und alles, was es für sie zu entdecken gibt, auf die Nerven gehen.

Aber gerade sie sind die eigensinnigen Querköpfe, die jede Gemeinschaft braucht, wenn sie nicht Gefahr laufen will, in ihren gewohnheitsmäßig eingefahrenen Denkstrukturen stecken zu bleiben.

Kreativität und Gestaltungslust

Wer einmal beobachtet hat, wie ein kleines Kind aus Küchengerätschaften ein Auto, ein Schiff oder ein Flugzeug zusammenbaut und damit eine Reise antritt, kann nicht ernsthaft glauben, dass Kreativität und Gestaltungslust zu den Fähigkeiten zählen, die wir unseren Kindern erst noch beibringen müssen. Kinder probieren alles aus, was ihnen in den Sinn kommt, und dieser Einfallsreichtum entfaltet sich von ganz allein, wenn wir diesen Prozess nicht behindern. Das aber tun wir häufiger, als uns lieb sein kann. Und oft, ohne es zu bemerken. Da sitzt dann so ein kleiner Baumeister vor seinem großen Werk und hofft auf Bewunderung. Und seine Erwartung wird bitter enttäuscht. Weil sich keiner die Zeit nimmt, um mit ihm gemeinsam zu staunen; oder weil der Quirl, der eigentlich ein Schiffsmast ist, zum Umrühren der Suppe gebraucht wird. Geschieht das öfter, speichert das kindliche Gehirn die Erfahrung ab, dass sich niemand so richtig für seine Ideen interessiert. Dass die Küche, zum Beispiel, kein rechter Ort für Entdeckungen und ein Quirl eben kein Schiffsmast ist. So wird ein Gefühl, das anfangs mit Lust und Freude verknüpft war, mit Frust verbunden. Wir sagen ja auch: Uns ist der Spaß vergangen. Wenn sich solche Erfahrungen häufen, wird im Gehirn ein anfangs positiver Impuls mit einem negativen Gefühl verkoppelt. Erfahren Kinder keine Ermutigung oder Bestätigung, schwindet ihre Lust, zum Beispiel etwas zu bauen, schon beim Gedanken daran. Dann möchten sie lieber unterhalten werden, anstatt sich selbst etwas auszudenken.

Eltern und Erzieher können einem Kind solche Erfahrungen ersparen. Dazu müssten sie ihm aber die Gelegenheit bieten, sich selbst und seine eigene Fähigkeiten nach und nach kennenzulernen. Die Erwachsenen sollten sich dabei weitgehend zurückhalten und dem Kind die Führung überlassen. Vielleicht kriechen dann Vater und Sohn auf dem Boden und stapeln Steine. Papa baut einen Turm und die Tochter noch einen. Und bald ist sie fertig, die gemeinsame Burg.

Es ist für Kinder ein Glück, im Tun mit anderen sich selbst zu entdecken. Wem diese Erfahrung verwehrt bleibt, wird es später schwer haben. Sein tiefes Bedürfnis nach Verbundenheit kann ein Kind so nicht im gemeinsamen Schaffen, sondern nur in einer engen Beziehung mit seinen wichtigsten Bezugspersonen stillen. Kinder versuchen dann alles, um deren Aufmerksamkeit auf sich zu lenken. Sie folgen ihnen auf Schritt und Tritt und suchen ständig ihre Nähe in einer unmittelbaren personalen Beziehung. Doch wenn sie älter werden, spüren sie, dass diese enge Beziehung sie an der Entfaltung ihrer eigenen Möglichkeiten behindert. Sie fühlen sich zunehmend eingeengt und unfrei und können ihr zweites angeborenes Grundbedürfnis nach Wachstum, Autonomie und Freiheit nicht hinreichend stillen. Dieser innere Konflikt äußert sich in Verhaltensweisen wie Aufsässigkeit und Ungehorsam. Das Zusammenleben wird immer schwieriger. Die Eltern leiden, das Kind leidet, die Beziehung leidet.

Das Hin und Her macht sich vor allem im Kopf bemerkbar. Weil die Eltern über bereits entstandene und weitgehend gefestigte Nervenverbindungen verfügen, wird bei ihnen nur wenig Durcheinander im Frontalhirn erzeugt, und das auch nur vorübergehend. Im Gehirn des Kindes aber haben solche Beziehungsstörungen nachhaltige Folgen. Die Verknüpfungen der Nervenzellen in ihrem Frontalhirn müssen ja erst noch ausgebildet und stabilisiert werden. Das kann nicht gelingen, wenn dort immer wieder Chaos herrscht. So entstehen nicht nur Schwierigkeiten beim Lernen. So wird auch der Erwerb der im Frontalhirn verankerten Funktionen und Metakompetenzen verhindert. Hierzu zählen so komplexe menschliche Leistungen wie die Fähigkeit, Impulse zu kontrollieren. Frust zu ertragen. Handlungen zu planen. Die Folgen seines Tuns abzuschätzen, sich in andere Menschen hineinzufühlen, Verantwortung zu übernehmen und seine Aufmerksamkeit auf eine Sache zu lenken.

Diese entscheidenden Fähigkeiten erwerben Kinder nur durch eigene Erfahrungen, beim Lösen von Problemen und der Bewältigung von Herausforderungen. Nur dann werden im Gehirn die dafür zuständigen Nervenzellverknüpfungen herausgeformt und gefestigt.

Sie entstehen nicht auf Kommando, man kann sie Kindern nicht beibringen und sie lassen sich auch nicht unterrichten. Diese wichtigen, für ihr gesamtes weiteres Leben entscheidenden Kompetenzen können Kinder nur durch eigenes Denken und Handeln, durch eigenes Entdecken und Gestalten erwerben. Und das findet vor allem dort statt, wo die meisten Erwachsenen es am wenigsten vermuten: im Spiel. Im spielerischen Umgang mit den Problemen, die wir Erwachsene unseren Kindern gewollt oder ungewollt bescheren, bereiten sich Kinder auf das Leben vor. Dort erwerben sie neue Fähigkeiten, dort machen sie ihre wichtigsten Erfahrungen. Beim eigenen, von uns nicht überwachten und kontrollierten Spiel begegnen sie anderen Kindern, mit denen sie sich verbunden und denen sie sich zugehörig fühlen. Sie lernen, Konflikte zu lösen und immer neue Herausforderungen zu meistern.

Wenn wir Erwachsene uns bisweilen aufregen über das, was Kinder sich beim Spielen erarbeiten, wenn wir sie streitend, ballernd, keifend, destruktiv, narzisstisch, desinteressiert, gelangweilt oder hyperaktiv erleben, vergessen wir allzu leicht, dass sie auf diese Weise doch nur versuchen, sich in harter Arbeit eben genau all das anzueignen, was wir ihnen als unsere Lösungen, sich im Leben zurechtzufinden, vorleben.

Denn das menschliche Gehirn ist nicht zum Auswendiglernen von Sachverhalten, sondern für das Lösen von Problemen optimiert. Aus diesem Grund sind Kinder ständig auf der Suche nach immer neuen Herausforderungen, an denen sie wachsen können. Es tut ihnen gut, wenn sie vielfältige Gelegenheiten finden, sich selbst einzubringen, an etwas Wichtigem mitzuwirken und Verantwortung zu übernehmen. Nur so können Kinder den Nutzen von Disziplin und die Freude von gemeinsamem Gestalten erfahren.

Das Gehirn eines Menschen entwickelt sich anhand der in sozialen Beziehungen gemachten Erfahrungen. Ungünstige Erfahrungen mit anderen Personen zwingen Kinder dazu, sich von anderen abzugrenzen, um sich vor ihnen zu schützen.

Günstige, die eigene Entdeckerfreude und Gestaltungslust beflügelnde Erfahrungen können Kinder nur innerhalb einer Gemeinschaft machen, in der sie erleben, wie schön es ist, gemeinsam mit anderen etwas entdecken, gestalten oder sich einfach um etwas kümmern zu können.

Vertrauen und Zuversicht

Könnten wir zuschauen, wie sich das menschliche Gehirn vor der Geburt und während der frühen Kindheit entwickelt, kämen wir aus dem Staunen nicht heraus. Wir würden sehen, dass sich durch Zellteilung Millionen von Nervenzellen bilden und sich zu Zellhaufen ordnen. Wir könnten aus diesen Nervenzellen auswachsende Fortsätze erkennen, die mit anderen Zellen in Kontakt treten, und würden Zeuge, wie ein erheblicher Teil dieser Nervenzellen einfach abstirbt und für immer verschwindet, weil es ihm nicht gelungen ist, sich in ein Netzwerk einzuordnen und dort eine bestimmte Funktion zu übernehmen.

Die verbliebenen Nervenzellen formieren sich zu deutlich voneinander abgegrenzten Verbänden, sogenannten Kerngebieten, und bilden ein immer dichteres Netzwerk von Fasern und Fortsätzen. Während dieser Phase, die sich in den einzelnen Bereichen des Gehirns in einer zeitlichen Reihenfolge von hinten, dem Hirnstamm, nach vorn, ins Stirnhirn vollzieht, scheint es, als ob sich jede Nervenzelle mit jeder anderen über so viele Kontakte wie möglich verbinden möchte. Zu diesem Zeitpunkt – im Hirnstamm liegt dieser vor der Geburt, im Stirnhirn wird er etwa im sechsten Lebensjahr erreicht – ist die Anzahl der Nervenzellkontakte so groß wie niemals wieder im späteren Leben. Wenn erst einmal alles mit allem verbunden ist, werden all jene Kontakte wieder zurückgebildet und aufgelöst, die nicht »gebraucht« und nicht durch Nutzung und Stimulation gefestigt und stabilisiert werden. Wenn man so will: Das Angebot ist da, es kommt auf die Nachfrage an. Und diese »Nachfrage« wird durch die Erfahrungen bestimmt, die ein Kind macht.

Deshalb müssen Kinder von früh an reich werden an Erfahrung. Wir sagen »Erfahrungsschatz«, wenn wir Menschen begegnen, die viel erlebt haben. Wir schätzen Erfahrungen hoch ein, sie sind von großer Bedeutung. Wir trauen eher einem Menschen, der erfahren ist. Eine Unze Erfahrung, hat Benjamin Franklin, einer der Gründerväter der Vereinigten Staaten von Amerika, gesagt, ist so viel wert wie eine Tonne Theorie.

Es müssen aber eigene Erfahrungen sein, keine, die andere für uns machen. Kinder wollen aus sich heraus handeln und herausfinden, wie das Leben funktioniert. Nur dann lernen sie auch mit einer Beharrlichkeit, die wir Großen kaum noch nachvollziehen können. Ihre Ausdauer ist vergleichbar mit der von Spitzensportlern.

Babys wiederholen jede Handlung so lange, bis sie sitzt. Bis sie diese beherrschen. Immer und immer wieder, im festen Vertrauen, dass es ihnen auch gelingt. Vertrauen und Zuversicht bringt jedes Kind bei seiner Geburt mit auf die Welt. Wäre dem nicht so, könnte es keinen Tag überleben.

Dieses Vertrauen und diese Zuversicht sind entstanden, weil jedes Kind im Mutterbauch bereits erlebt hat, dass seine Bedürfnisse befriedigt wurden und es sein Leben dort zu meistern imstande war. Schutz, Nähe, Wärme, Geborgenheit: All das erlebt ein Kind in den neun Monaten der Schwangerschaft. Diese Erfahrung ist fest in seinem Gehirn verankert. Und so soll es bitte auch nach der Geburt weitergehen. Das Kind vertraut darauf, weiterhin gehalten und getragen, beschützt und versorgt zu werden. Jedes Kind hat diese Erwartung, auch wenn es noch gar nicht erahnen kann, welche Bedeutung diese Worte haben.

Gestärkt wird das Ur-Vertrauen durch alles, was das Kind in der ihm fremden Welt an bereits Vertrautem wiederfindet. All die Wahrnehmungen, die es bereits im Mutterleib erlebt hat. Dabei wird jede neue Erfahrung, die das Kind nun in der ihm vertrauten Nähe zur Mutter macht und die ihm hilft, die Welt zu verstehen und sich in dieser Welt zurechtzufinden, selbst wieder zu etwas Vertrautem. So entwickelt sich Vertrauen aus Vertrautem, und die Zuversicht, dass alles gut wird, entsteht aus der Erfahrung, dass es bisher gut gegangen ist.

Mit jeder neuen Erfahrung bilden sich im Gehirn neue Verknüpfungen; und keines der vorgeburtlich entstandenen Verschaltungsmuster ist so fest verankert, dass es sich nicht mehr durch spätere Erfahrungen verändern könnte. Kinder lernen immer; und sie lernen immer, indem sie sich zu dem, was sie wahrnehmen und was es in der Welt zu entdecken gibt, in Beziehung setzen. Wie die Erwachsenen müssen auch Kinder versuchen, jede neue Wahrnehmung und jede neue Erfahrung an etwas anzuknüpfen, das bereits da ist, das sie schon wissen und ihnen irgendwie vertraut ist. Und wie bei uns Erwachsenen ist auch bei Kindern die Bereitschaft, sich auf etwas Neues einzulassen und etwas Neues auszuprobieren, umso größer, je sicherer sie sind und je größer das Vertrauen ist, mit dem sie sich in die Welt hineinwagen. Das Schlimmste, was einem Kind passieren kann, ist der Verlust dieses Vertrauens.

Jede Art von Verunsicherung, von Angst und Druck erzeugt in ihrem Gehirn eine sich ausbreitende Unruhe und Erregung. Unter diesen Bedingungen können die dort über die Sinneskanäle eintreffenden Wahrnehmungsmuster nicht mit den bereits abgespeicherten Erinnerungen abgeglichen werden. Es kann nichts Neues gelernt und im Gehirn verankert werden. Oft werden die Erregung und das damit einhergehende Durcheinander im Kopf sogar so groß, dass auch bereits Erlerntes nicht mehr erinnert und genutzt werden kann. Das Einzige, was dann noch funktioniert, sind ältere, sehr früh entwickelte und sehr fest eingefahrene Denkweisen und Verhaltensmuster. Das Kind fällt zurück in solche Verhaltensweisen, die immer dann aktiviert werden, wenn es anders nicht mehr weitergeht: Angriff (schreien, schlagen), Verteidigung (nichts mehr hören, sehen, wahrnehmen wollen, stur bleiben, Verbündete suchen) oder Rückzug (Unterwerfung, Verkriechen, Kontaktabbruch). Jedes Kind verliert so seine Offenheit, seine Neugier und sein Vertrauen – und damit die Fähigkeit, sich auf Neues einzulassen. Dieser Zustand ist für Kinder genauso schwer auszuhalten wie für Erwachsene. Auch schon die ganz Kleinen fühlen sich dann ohnmächtig und beschämt und reagieren mit Wut, Zorn oder mit Resignation auf die erlebte Enttäuschung.

Die Gefahr, in solche Situationen zu geraten, lässt sich nur abwenden, wenn Kindern ausreichend Gelegenheit geboten wird, genau das wiederzufinden, was sie mehr als alles andere brauchen, um sich mit anderen Menschen und dem, was sie in der Welt erleben, in Beziehung zu setzen: Vertrauen. Kein anderes Gefühl ist besser geeignet, das Durcheinander im Kopf zu ordnen und die zum Lernen erforderliche Offenheit und innere Ruhe wiederherzustellen. Deshalb suchen alle Kinder ganz allein und von sich aus enge Beziehungen zu solchen Menschen, die ihnen Sicherheit bieten und ihnen bei der Lösung von Problemen behilflich sind. Die ihnen nicht nur sagen, worauf es im Leben ankommt, sondern es ihnen auch vorleben und ihnen auf diese Weise Orientierung bei der Entdeckung ihrer eigenen Möglichkeiten zur Gestaltung ihres Lebens bieten.

Die Eltern sind es, denen Kinder zunächst vorbehaltlos vertrauen. Wenn sich das Baby von ihnen verstanden fühlt und seine Bedürfnisse nach Nahrung, Wärme, Zärtlichkeit und Anregungen erfüllt werden, fühlt es sich in ihrer Gegenwart geschützt und geborgen. Diese Sicherheit bietende Bindungsbeziehung ist die Voraussetzung dafür, dass ein Kind bereits im ersten Lebensjahr derart viel Neues aufnehmen und ausprobieren und die gemachten Erfahrungen fest im Hirn verankern kann. Damit diese anfangs noch sehr lockeren Verschaltungsmuster gefestigt werden können, brauchen Kinder viel Ruhe und Zeit zum aufmerksamen Beobachten und zum intensiven Üben und Ausprobieren.

Kinder lernen am besten, wenn sie den Lernstoff selbst bestimmen können. Als geborene Entdecker genießen sie es, ihre Neugier zu leben. Sie erschließen sich die Welt durch Versuch und Irrtum; je häufiger sie die Erfahrung machen, Probleme lösen zu können, umso stärker wächst ihr Mut. Wenn sich dann jemand mit ihnen gemeinsam über jede gelungene Lösung freut, wächst auch ihr Vertrauen, selbst in der Lage zu sein, ein Problem allein lösen zu können und damit auch noch einen anderen Menschen glücklich zu machen.

Vertrauen muss während der Kindheit auf drei Ebenen entwickelt werden: als Vertrauen in die eigenen Möglichkeiten und die Fähigkeit, Probleme zu bewältigen. Als Vertrauen in die Lösbarkeit schwieriger Situationen gemeinsam mit anderen Menschen. Und als Vertrauen, dass die Welt es gut mit einem meint, weil die Eltern es gut mit einem meinen.

Am Anfang ihres Lebens wissen Kinder noch nichts von lebensbedrohlichen Gefahren. Sie kennen die Probleme nicht, mit denen sich ihre Eltern herumschlagen. Sie ahnen glücklicherweise auch noch nicht, welche Erwartungen in sie gesetzt werden und mit welchen Hoffnungen, Ängsten und Befürchtungen die Eltern ihre ersten Schritte in die Welt verfolgen. Sie wissen noch nicht, dass sie an manchen Problemen scheitern werden und dass ihr Vertrauen auch missbraucht werden kann. All das erleben sie erst später.

Kinder geben ihren Eltern einen enormen Vertrauensvorschuss. Sie wollen, dass alles gut ist, sie möchten, dass alles gut wird. Sie leben nach dem Prinzip Hoffnung. Selbst wenn Eltern ihr Kind nicht liebevoll annehmen, sind die meisten Kinder dennoch bereit, ihren Eltern oder anderen Bezugspersonen bedingungslos zu vertrauen. Selbst unter solch ungünstigen Umständen versucht jedes Kind, zumindest am Anfang, manchmal aber sogar über lange Zeit, alles in seiner Macht Stehende zu tun, um die Erwartungen seiner Eltern oder seiner Bezugsperson doch noch irgendwie zu erfüllen.

So groß sind das Vertrauen und die Zuversicht der Kinder in unsere Welt. Sie bringen es mit, es ist schon da. Wir müssen nur aufpassen, dass es ihnen nicht geraubt wird.

Beharrlichkeit und Eigensinn

Haben Sie schon einmal einem Baby bei seinen ersten Versuchen, sich von der Rückenlage in die Bauchlage umzudrehen, zugeschaut? Den Impuls, ihm dabei zu helfen, kann man oft nur schwer unterdrücken. Immer und immer wieder hebt das Kind seinen Kopf und einen Arm, es krümmt den Rücken, rudert unkontrolliert herum, schlägt irgendwann noch das Bein über und dreht dabei das Becken. Und dann klappt es tatsächlich. Die Drehung gelingt. Das Baby liegt auf dem Bauch. Es ist begeistert von sich und dem, was es vollbracht hat. Niemand hat ihm gezeigt oder vorgemacht, wie es geht. Ganz allein hat es das herausgefunden. Und die Mühe hat sich gelohnt, denn jetzt, auf dem Bauch liegend, kann es krabbeln. Ganz allein, zum ersten Mal in seinem Leben, ist es in der Lage, sich auf dem Boden dorthin zu bewegen, wo es hinwill. Mit Beharrlichkeit und Eigensinn hat sich das Kind einen neuen Zugang zur Welt erobert.

Jetzt sind seiner Freude am Entdecken erst einmal

keine Grenzen gesetzt. Nun dauert es nicht mehr lange, bis es sich am Tischbein hochzuziehen beginnt. Auch dieses neue Bewegungsmuster wird konzentriert eingeübt. Bis es zum ersten Mal auf seinen eigenen Füßen steht, noch etwas wacklig zwar, aber mit leuchtenden Augen. So sieht ein glückliches Kind aus. Ein Jahr, mal mehr, mal weniger, dauert es, ehe die Welt von oben betrachtet werden kann und die ersten Versuche gelingen, sich aufzurichten. All das tun Kinder von selbst, es ist in ihrem Interesse, sie brauchen keine Hilfe und sind ziemlich stolz darauf, es allein geschafft zu haben. Sie wollen nicht mehr kriechen und sich nach unten orientieren: Nach oben geht der Blick, weiteres Wachstum in Sicht.

Der Eifer beim Erlernen dieser neuen Fähigkeiten wird meist noch größer, wenn jemand da ist, der diese Fortschritte anerkennt und sich darüber freut. Das macht stark. Das Vermögen, an Aufgaben zu wachsen und etwas bewirken zu können, nennen Psychologen Selbstwirksamkeit. Dann spürt das Kind: Ich bin wer. Ich kann was erreichen.

In seinem Gehirn werden bei diesem Glücksgefühl die emotionalen Netzwerke im Mittelhirn aktiviert. An den Enden der Fortsätze dieser Zellgruppen wird ein gewaltiger Schwapp neuroplastischer Botenstoffe ausgeschüttet. Sie festigen neue Verbindungen. Ein paar Mal wird das Kind bei seinen nächsten Versuchen noch die Balance verlieren und auf den Po zurückfallen. Aber bald klappt es: Das zum Aufrichten erforderliche Verschaltungsmuster hat sich stabilisiert. Das Kind kann nun krabbeln, wohin es will, und selbst nachschauen, was es zu entdecken und mit den eigenen Händen zu greifen gibt. Wenn es erst einmal frei stehen kann, folgen bald die ersten eigenen Schritte. Wer jetzt noch nicht begriffen hat, mit welchem Eifer und mit welcher Geduld jedes Kind sich seinen Weg ins Leben selbst erschließt, braucht nur zuzuschauen, wie ein Kind laufen lernt.

Wir könnten die Beschreibung all dieser wunderbaren Fähigkeiten, die jedes Kind im Lauf seiner ersten Lebensjahre erwirbt, noch weiter fortsetzen. Könnten uns vergegenwärtigen, wie es aus den ersten noch ungeordneten Greifbewegungen allmählich gezielt das Greifen und Zugreifen erlernt. Wie es aus ersten gestammelten Lauten Worte und später Sätze formt und eine verständliche Sprache entwickelt, in der es ausdrücken kann, was es bewegt, was es will und was es vorhat. All das lernt ein Kind nicht deshalb, weil es genetische Programme gibt, welche die für diese Leistungen zuständigen neuronalen Verschaltungsmuster in seinem Gehirn zusammenbauen. Und all das lernt ein Kind nicht, weil es dazu erzogen, weil es ihm von anderen beigebracht wird. All das lernt ein Kind, weil es das will. Es will die Rassel anfassen und in den Mund stecken. Das Kind will sich umdrehen und krabbeln, sich aufrichten und laufen und seine Wünsche und Bedürfnisse so ausdrücken, dass es verstanden wird.

Aber es ist wichtig, dass das Kind dafür Vorbilder hat. Wäre niemand da, der schon auf zwei Beinen gehen und sprechen kann, der singt, tanzt, schwimmt oder im Garten herumtollt, würde kein Kind all das lernen können. Es ist gut, dass es im Gehirn diese wunderbaren Spiegelneuronen gibt, mit deren Hilfe jeder Mensch in der Lage ist, sich bestimmte Bewegungsmuster und Verhaltensweisen von anderen abzuschauen und so gut nachzuvollziehen, dass sich die für diese Leistungen verantwortlichen Vernetzungen der Nervenzellen bereits herauszubilden beginnen, bevor er diese Bewegungen und Handlungen selbst ausführt.

Damit all das auch wirklich gelingt, muss jemand da sein, der dem Kind wichtig ist. Mit dem es sich emotional eng verbunden fühlt. Jeder Lehrer macht die Erfahrung, dass Schüler umso besser seinem Unterricht folgen, je mehr sie sich mit ihm verbunden fühlen. Weil dieses Bedürfnis nach Verbundenheit tief in ihrem Gehirn verankert ist, entwickeln Kinder einen so beeindruckend starken Willen, sich Schritt für Schritt all das anzueignen, was diejenigen, die ihnen wichtig sind, schon können.

Wer bisher besonders erfolgreich war und sich eine neue Fähigkeit nach der anderen angeeignet hat, erwartet, dass es so weitergeht. Kleinen Kindern geht es da nicht anders als Erwachsenen. Nur verstehen wir Erwachsenen nicht immer, was ein kleines Kind zu einem bestimmten Zeitpunkt seiner Entwicklung gerade besonders begeistert, wenn es mit großem Enthusiasmus eine bestimmte Absicht verfolgt. Und die passt nicht immer zu den Absichten, die wir als Eltern oder Erzieher gerade haben. Dann ruft es laut: »Alleine machen«. Wehrt sich, wenn Vater oder Mutter ihm bei etwas helfen wollen, was es selbst lernen will. Wenn zum Beispiel die Schnürsenkel der Schuhe gebunden werden müssen, weil es höchste Zeit ist, sich auf den Weg zum Kindergarten zu machen. Spätestens dann begreift man, was Eigensinn ist.

So unbequem kindlicher Eigensinn für uns Erwachsene gelegentlich auch sein mag, so gefährlich ist es, ihn zu brechen. Er ist ja zunächst nichts anderes als ein Ausdruck der wiederholt gemachten Erfahrung eines Kindes, dass es durch Beharrlichkeit, mit der es bisher seine Ziele verfolgt hat, auch wirklich in der Lage war, sich eine neue Fähigkeit nach der anderen erfolgreich anzueignen. Deshalb will es diese Leistungen weiter einsetzen und sich selbst und anderen zeigen, was es schon kann. Wenn es nun erleben muss, dass es damit Ärger verursacht, Ungeduld erzeugt oder gar abgelehnt wird, muss es versuchen, dieses Bedürfnis zu unterdrücken. Damit unterdrückt es aber nicht nur die Ausführung einer im Moment als unerwünscht erlebten Handlung. Es muss auch den eigenen Willen unterdrücken, der dieser Handlung zugrunde liegt. Dieser eigene Wille ist jedoch nicht nur der Auslöser dieser einen Handlung, sondern Grundlage jedes Handelns und vor allem der Lust am eigenen Handeln, sogar der Lust am eigenen Entdecken und Gestalten und dem Ausprobieren und Einüben neuer Fähigkeiten.

Deshalb kann ein Kind diesen eigenen Willen auch gar nicht unterdrücken, ohne sein Grundbedürfnis nach eigenen Gestaltungsmöglichkeiten und eigener Entfaltung zu verletzen. Kinder, die dazu gezwungen werden, müssen sich wie ein kleines Bäumchen erleben, bei dem der aufsteigende Saft durch einen festen Ring am Stamm nicht mehr in die wachsenden Äste gelangt. Solche Bäume gehen bekanntermaßen ein. Kinder hören dann auf, ihre Welt weiter entdecken und gestalten zu wollen.

So kann auch Resignation gelernt werden. Damit die dafür erforderlichen Verschaltungsmuster in ihrem Gehirn herausgeformt und stabilisiert werden können, müssen Kinder die Unterdrückung ihrer eigenen Handlungen und später auch ihrer eigenen Gedanken als wichtig und erstrebenswert empfinden. Nur dann sind sie in der Lage, diesem Umstand etwas Positives abzugewinnen. Das gelingt nur, indem sie ihren Eigensinn unterdrücken und sich so verhalten, wie Eltern und Erzieher es von ihnen erwarten. Dann gehören sie wieder dazu und glauben, wieder geliebt und gemocht zu werden. Und freuen sich, dass sie nun die Erwartungen ihrer Eltern und Erzieher erfüllen. Es ist ein grausames Spiel. Manche dieser Kinder werden sich später vielleicht selbst nicht mehr mögen, wenn sie es geschafft haben, sich so erfolgreich anzupassen. Denn dann haben sie ihren Eigensinn verloren und spüren nicht mehr, wer sie eigentlich sind.

Manche Kinder scheitern aber auch bei dem Versuch, sich durch uneigensinniges, angepasstes Verhalten die Zuneigung und Nähe ihrer Eltern und Erzieher zu sichern. Weil sie bei sehr autoritären, selbstherrlichen und lieblos disziplinierenden Menschen aufwachsen, müssen sie versuchen, ihr angeborenes Bedürfnis nach Verbundenheit und Zugehörigkeit zu unterdrücken. Auch das funktioniert nur dann, wenn in ihrem Gehirn eine gewisse Begeisterung darüber ausgelöst wird, in der Lage zu sein, ihr Bedürfnis nach Zugehörigkeit erfolgreich zu unterdrücken. Beispielsweise durch Verstärkung des eigensinnigen Verhaltens, durch Protest und Geschrei und Gegenwehr. Dann folgt noch mehr Ärger und das Kind hat dann noch weniger Grund, mit diesen Eltern verbunden sein zu wollen. Auch diese Kinder haben dann etwas Entscheidendes für ihr späteres Leben verloren. Nicht den Eigensinn und die Beharrlichkeit, mit der sie ihre persönlichen Ziele verfolgen, aber ihr angeborenes Bedürfnis nach Nähe und Verbundenheit.

Achtsamkeit und Mitgefühl

Wer achtsam ist, sieht vieles, über das andere allzu leicht hinwegsehen. Er nimmt wahr, ohne gleich zu beurteilen, er ist nicht abgelenkt und lebt im Moment. Wenn man so mehr von der Welt mitbekommt, wird das Leben reicher, und im Gehirn bilden sich komplexere Vernetzungen heraus. Achtsam zu sein bedeutet auch, klarer zu denken und das, was gerade ist, unvoreingenommen wahrzunehmen. Ohne sich in Gedanken zu verlieren, was vielleicht sein könnte oder was gerade war. Deshalb ist Achtsamkeit weitaus geeigneter, sich die Welt zu erschließen, als Unachtsamkeit. Sie kostet nicht so viel Kraft und spart Energie. Viele Erwachsene haben das inzwischen auch schon bemerkt. Wahrscheinlich werden deshalb immer mehr Achtsamkeitskurse und Aufmerksamkeitsseminare angeboten. Dort üben die Großen, was sie als Kleine schon einmal sehr gut konnten: im Augenblick zu leben. Genau zu fühlen. Genau zu schauen. Bei sich zu sein. Wer sich selbst spürt, kann auch das besser mitempfinden, was andere bewegt.

Für die Religionen der Welt sind Achtsamkeit und Mitgefühl die Seele ihrer Lehre. Im Buddhismus gilt Mitgefühl als geistige Haltung, die Respekt und Verantwortung für alle Lebewesen ausdrückt. Buddhisten üben Mitgefühl in der Meditation, beim Beobachten ihrer Gedanken im »stillen Sitzen« und dem »Training der Achtsamkeit«. Mitempfinden, sagt der Dalai Lama, sei weder kindisch noch sentimental, sondern etwas wahrhaft Wertvolles und Tiefgründiges. Er spricht vom »Nutzen« des Mitgefühls: Durch Mitgefühl schafft man die Voraussetzungen dafür, vom anderen Zuneigung oder eine positive Reaktion zu erhalten. Das ist auch, was den Kategorischen Imperativ Immanuel Kants ausmacht und was sehr viel früher Jesus predigte: den Nächsten zu lieben wie sich selbst.

Noch ist nicht genau bekannt, wie Empathie entsteht, aber schon Neugeborene ahmen, kaum auf der Welt, Gesichtsausdrücke nach. Sie strecken die Zunge heraus, wenn die Eltern es tun. Weinen, wenn wir ein trauriges Gesicht machen. Schürzen die Lippen und runzeln die Stirn. Das frühe Imitieren deutet darauf hin, dass ein Kind seine emphatischen Fähigkeiten bereits hat, wenn es auf die Welt kommt. Um aber einen Gesichtsausdruck nachahmen zu können, muss es diese Aktion mit einem Gefühl in Verbindung bringen. Dem Gefühl, dass es schon in Ordnung ist, wenn ich das so mache. Die Fähigkeit, sich auf einen anderen Menschen einzulassen und zu erspüren, wie es ihm geht, ist jedem schon in die Wiege gelegt.

Wirkliches Mitgefühl fällt Kindern umso leichter, je vertrauter sie mit dem Menschen sind, den sie beobachten. Für die meisten ist das anfangs zunächst die Mutter. Staunend blicken Neugeborene ihre Mütter an, stundenlang. Aus dem Zustand großer Offenheit erwächst die enorme Intensität, mit der das Baby auf alles achtet, was es mit Hilfe seiner sinnlichen Wahrnehmungen über seine Mutter erfahren kann. Dazu zählen vor allem ihre Stimmmelodie, die sich in Abhängigkeit vom emotionalen Zustand verändert, ihre Mimik und Gestik, mit der sie ihre Gefühle zum Ausdruck bringt, der Körperkontakt, das Streicheln und Schmusen. Jede mütterliche Gefühlsregung verändert ihre Stimme, ihre Mimik und Gestik, ihren Herzschlag, die Feuchtigkeit ihrer Haut und sogar ihren Duft. Sehr schnell lernen Kinder, welche Gefühlsregungen der Mutter ihnen Sicherheit bieten und welche nicht. Deshalb fühlen sie sich gut, wenn es der Mutter gut geht, und werden ängstlich, verunsichert oder hektisch, wenn die Mutter ängstlich, verunsichert oder hektisch reagiert. Ihr emotionales Empfinden ist auf diese Weise an den emotionalen Zustand der Mutter gekoppelt. Sie fühlen mit, was die Mutter und später auch der Vater oder eine andere wichtige Bezugsperson empfinden.

Wenn ein Kind erst einmal diese entscheidende Erfahrung gemacht hat, dauert es meist nicht lange, bis es feststellt, dass es durch seine Mimik, Gestik oder mit seiner Stimme beim anderen eine Reaktion auslösen kann. Es erlebt sich so als Urheber und Gestalter eines Dialogs, in dem es seine Gefühle in einer für einen anderen Menschen verständlichen Weise zum Ausdruck bringen kann. Es kann noch nicht sprechen, aber sich ohne Worte verständigen. Aus der angeborenen Begabung mitzufühlen, was ein anderer Mensch empfindet, entwickelt es die Fähigkeit, anderen Menschen mitzuteilen, was es selbst fühlt.

Schon im Alter von einem Jahr können Kinder Wünsche und Absichten verstehen. Ab Mitte bis Ende des zweiten Lebensjahres sind sie fähig, Leid lindern zu wollen. Sie streicheln, sie nehmen jemanden in den Arm: »Heile machen«, sagen sie. Oder sie holen Hilfe. Wenn ein Kind den Schmerz eines anderen mitempfindet und so fühlt, als sei es sein eigener, wird es versuchen, diesen Schmerz beim anderen zu lindern. So, als sei es selbst betroffen. Und wenn es Freude empfindet, wird es sich bemühen, auch anderen eine Freude zu bereiten. Weil das solch ein schönes Gefühl ist. Je mehr positive Erfahrungen Kinder aus ihrem Handeln ziehen, umso häufiger versuchen sie, diese Erkenntnisse bei anderen Menschen anzuwenden. Im Erkennen eines anderen, in dem Bemühen, sich ein Bild von ihm zu machen, vor ihm zu sitzen: Darin liegt die Bedeutung des schönen Wortes Vorbild. Indem wir Vorbild sind, können sich andere an uns orientieren und uns imitieren.

Weil ein Kind noch nicht weiß, worauf es im Leben ankommt, und es deshalb einzelne Wahrnehmungen noch nicht als besonders wichtig und andere als unwichtig bewertet, achtet es anfangs noch auf alles, was in seiner Umgebung passiert. Jedenfalls dann, wenn es sich bei den ihm vertrauten Bezugspersonen geborgen fühlt: aus einer sicheren Position heraus. Auch wenn es sich gerade intensiv mit etwas Bestimmtem beschäftigt oder etwas in seiner Umgebung passiert, das seine gesamte Aufmerksamkeit auf sich zieht: Denn die Sinne sind immer auf Empfang. Die meisten Kinder können deshalb noch sehen, schmecken, riechen, hören und spüren, was Erwachsene oft gar nicht mehr bemerken. Beim Aufstehen, beim Anziehen, beim Zähneputzen: Immer sind sie mit ihrer Aufmerksamkeit gleichzeitig überall. Alles ist neu, alles ist aufregend, das Leben ein Fest für die Sinne. Sie können sich gar nicht entscheiden, worauf sie zuerst achten und eingehen sollen, sofort biegt die nächste Sensation um die Ecke. So wird für Kinder jede noch so alltägliche Aktion zu einer Expedition. Die Großen zerren und wollen weiter, doch die Kleinen kommen nur achtsam voran.

Das ist gut so und das muss auch so sein, denn nur im Zustand ungerichteter Aufmerksamkeit kann eine bestimmte Wahrnehmung für ein Kind auch eine ganz besondere Bedeutung erlangen. Nicht deshalb, weil jemand seine Aufmerksamkeit darauf lenkt, sondern weil das Kind selbst gewählt hat, was ihm im Moment von all dem, was es wahrnimmt, ganz besonders gefällt, was es wirklich interessiert, womit es sich besonders verbunden fühlt. Im Zustand der Achtsamkeit erlebt jedes Kind, wie spannend und aufregend es ist, sich frei und ohne äußeren Zwang ganz allein und aus sich selbst heraus für etwas zu entscheiden. Das ist ein großartiges Gefühl. Je intensiver Kinder diese Erfahrung von eigener Entscheidungsfreiheit zunächst auf der Ebene ihrer eigenen Wahrnehmungen machen und in ihrem Hirn verankern können, desto leichter wird es ihnen später gelingen, sich auch auf der Ebene ihrer Handlungen oder Verhaltensweisen frei zu entscheiden. Ein achtsamer Mensch lernt früh, was Freiheit bedeutet.

Je älter die Kinder werden, umso schwerer fällt es ihnen allerdings, in diesem Zustand der unvoreingenommenen Aufmerksamkeit zu bleiben. Immer häufiger erleben sie, wie andere versuchen, ihre Aufmerksamkeit in eine bestimmte Richtung zu lenken. Kindern vergeht die Lust an der eigenen sinnlichen Wahrnehmung sehr schnell, wenn ihnen ständig jemand etwas zeigen und erklären will, wenn man sie belehrt und ihnen sagt oder vorschreibt, was wichtig oder unwichtig ist. Dann geht es beim Zähneputzen nur noch um die Reinigung der Zähne und nicht mehr auch um das Spiel, vielleicht ein

Prinz zu sein oder eine Prinzessin. Beim Anziehen wird entscheidend, dass es schnell geht, ohne eine Geschichte erzählen zu können und der Mutter das schöne Spielzeugauto zu zeigen oder ein neues Bild. Dafür ist dann keine Zeit mehr; das Kind soll gefälligst nicht mehr auf alles achten, wenn es in den Kindergarten muss oder später in die Schule. Dann verwandelt sich die ungerichtete Aufmerksamkeit, mit der bis dahin alles gleichermaßen intensiv wahrgenommen werden konnte, in fokussierte Aufmerksamkeit.

Besonders schnell geschieht das, wenn ein Kind erleben muss, dass seine Grundbedürfnisse nicht gestillt werden. Wenn es Hunger hat oder Durst leidet, wenn es friert oder krank ist; und auch, wenn es das Gefühl hat, sein Leben nicht selbst gestalten und nicht mehr auf Entdeckungstour gehen zu können. Und natürlich leiden Kinder, wenn sie Angst haben. Dann richten sie ihre Aufmerksamkeit nur noch auf das, was ihnen dabei hilft, einen Ausweg aus ihrem Leid zu finden. Um Schmerz nicht mehr empfinden zu müssen.

Was aber immer erhalten bleibt, ist ihre Fähigkeit, sich vorzustellen, wie es wohl wäre, wenn der andere auch erlebt, wie es einem geht. Wenn man wütend ist oder traurig. Dann beginnen Kinder, den anderen zu beobachten. Wie du mir, so ich dir: Sie versuchen herauszufinden, ob sie bestimmte Gefühle, die sie bei ihren Eltern oder Erziehern wahrnehmen, für die Durchsetzung ihrer eigenen Interessen nutzen können. Sie rechnen sich aus, was passieren könnte, wenn sie sich in einer gewissen Art und Weise verhalten. Manche lernen so recht schnell, bestimmte Gefühle bei anderen durch bestimmte Verhaltensweisen gezielt auszulösen. Bei Eltern, die immer in Eile sind oder mit eigenen Problemen beschäftigt, lassen sich zum Beispiel sehr leicht Schuldgefühle wecken. Wenn es den Kindern gelingt, eine Umarmung durch Mutter oder Vater zu verweigern und sich schmollend zurückzuziehen, haben sie vielleicht ein Mittel gefunden, zu bekommen, was sie wollen. Weil sie aus eigener Erfahrung wissen, wie schlecht es sich anfühlt, nicht in einer ihnen gebührenden Weise beachtet zu werden, lassen sie nun ihre Eltern spüren, wie das ist. Und fordern Wiedergutmachung, um so eine gewünschte Süßigkeit, ein Spielzeug oder die Erlaubnis zu bekommen, endlich Fernsehen schauen zu dürfen.

Wer als Kind früh ein solches Verhalten lernt und damit noch Erfolg hat, wird auch künftig versuchen, andere Menschen auf diese Weise zu manipulieren. Solche Kinder lernen dann sogar, Gefühle vorzutäuschen. Das gelingt ihnen umso besser, je häufiger ihre Vorbilder diese Strategie des Vorspielens selbst eingesetzt haben, um damit eigene Ziele und Absichten durchzusetzen. Wenn also der Vater zum Beispiel nur so tut, als sei er zornig oder als würde er sich dem Kind wirklich zuwenden.

Manchmal lernen Kinder diese Fähigkeit des Vorspielens von Gefühlen so gut, dass es ihnen später immer schwerer fällt, zwischen wahren und den bis zur Perfektion gespielten Empfindungen zu unterscheiden. Dann ist aus der Fähigkeit zum emotionalen Dialog eine Strategie zur Durchsetzung eigener Interessen geworden. Und die Begabung zum Mitgefühl hat sich dann zu einer Technik der emotionalen Manipulation anderer Menschen entwickelt.

3 Richtig unterstützen statt falsch fördern: Wie Kinder ihre Talente entfalten können

Jedes Kind bringt also jede Menge Begabung mit auf die Welt. All das, was es braucht, um in eine menschliche Gemeinschaft hineinzuwachsen und sich dort zurechtzufinden. Kinder sind in der Lage, all das von den Mitgliedern dieser Gemeinschaft zu erlernen, was sich diese, als sie selbst noch Heranwachsende waren, an Fähigkeiten und Fertigkeiten, an Wissen und Können, an inneren Einstellungen, Werten und Vorstellungen angeeignet und im Lauf ihres bisherigen Lebens ergänzt und erweitert haben.

Das Problem ist nur, dass die meisten Erzieher, Lehrer und sogar viele Eltern genau diese besonderen Talente nicht meinen, wenn sie von einer besonderen Begabung sprechen. Sie halten ein Kind für hochbegabt, wenn es sich von allen anderen Kindern dadurch unterscheidet, in der Lage zu sein, sich etwas anzueignen und auf einem bestimmten Gebiet etwas zu leisten, was andere Kinder selbst bei optimaler Förderung nicht schaffen. Und besonders wichtig erscheinen ihnen all jene Talente, die es einem Kind ermöglichen, außergewöhnliche Leistungen auf einem Gebiet zu erreichen, welches in unserer gegenwärtigen Welt besonders hohe Anerkennung findet. In einer Sportart zum Beispiel oder im Singen und Musizieren, beim Malen, Bauen oder künstlerischen Gestalten, oder eben in Mathematik, Technik oder Naturwissenschaft. Dass es Kinder gibt, die die besondere Begabung mitbringen, auf die höchsten Bäume zu klettern, Weltmeister im Kirschkern-Weitspucken zu werden oder im Rückwärtslaufen, finden nur wenige Eltern und Erzieher bemerkenswert. Solche Talente haben in unserer Zeit keine Bedeutung, damit verdient man sicher kein Geld und damit lässt sich auch nichts anfangen. Deshalb interessiert sich auch so gut wie niemand dafür.

Trotzdem stellt sich die Frage, wie all diese besonderen Begabungen entstehen. Woher hat ein Kind zum Beispiel die außergewöhnliche Fähigkeit, mathematische Probleme zu lösen, an denen sich die besten Denker aller Zeiten vergeblich die Köpfe zerbrochen haben? Woher kommt es, dass es im Alter von fünf Jahren schon so bezaubernd Geige spielt, dass den Zuhörern vor Bewunderung der Atem stockt?

Die Entstehung von Begabungen

Wer so etwas zustande bringt, glauben wir, muss wohl schon mit dieser Begabung auf die Welt gekommen sein. Wir denken, er müsse über eine besondere Vernetzung im Gehirn verfügen. Und weil wir keine Idee davon haben, wie eine derartige besondere Vernetzung in den für die Steuerung solcher Leistungen zuständigen Bereichen des kindlichen Gehirns herausgebildet wird, machen wir die Gene dafür verantwortlich. Das klingt ziemlich plausibel, denn in manchen Familien häufen sich besondere Begabungen, was dafür spricht, dass sie vererbt werden. Und wenn so etwas erblich ist, glauben wir automatisch, es seien bestimmte Gene und Genkonstellationen, die das betreffende Merkmal von den Eltern auf ihre Nachkommen übertragen. Wie das geht, hat ja jeder irgendwie in der Schule mitbekommen, als die Mendelschen Erbregeln behandelt wurden. Was bei Erbsen und Kaninchen funktioniert, denken wir, müsse wohl so ähnlich auch für die Herausbildung besonderer Begabungen von Menschen gelten. Schließlich werden ja auch andere Merkmale wie zum Beispiel die Farbe der Iris vererbt. Das ist auf den ersten Blick nachvollziehbar. Und diese Erklärung hat bisher auch fast allen ausgereicht. Sie war einfach, einleuchtend und bequem. Dass Kindergehirne keine Erbsen sind und dass das, was dort passiert, nicht so einfach organisiert sein kann wie das Zustandekommen einer bestimmten Fellfärbung bei Kaninchen, hat bisher kaum jemanden gestört.

Inzwischen aber wissen wir, dass Gene nur in der Lage sind, die Leistungen von Zellen zu steuern, nicht aber deren Zusammenwirken. Doch im Gehirn kommt es weniger darauf an, ob Nervenzellen besondere Eiweiße herstellen oder besondere Leistungen vollbringen können. Es kommt darauf an, wie sie zusammenwirken und miteinander verknüpft sind. Oder besser gesagt: wie sie im Verlauf der Hirnentwicklung miteinander verknüpft werden, welche der anfangs im Überschuss bereitgestellten Kontakte zwischen den Nervenzellen einer bestimmten Hirnregion regelmäßig aktiviert und dadurch stabilisiert und gefestigt werden und welche dieser anfänglich bereitgestellten Verknüpfungen nicht genutzt, destabilisiert und wieder eingeschmolzen werden. All das können Gene nicht regeln.

»Nutzungs- oder erfahrungsabhängige Neuroplastizität« heißt das Phänomen, das umschreibt, was die Entwicklungsneurobiologen in den letzten Jahren in mühevoller Kleinarbeit und abseits vom Mainstream der

84

bislang so dominanten Genforschung über die Strukturierung neuronaler Netzwerke während der Hirnentwicklung herausgefunden haben. Es bedeutet nichts anderes, als dass das Gehirn so wird, wie man es benutzt. In den frühen Phasen der Hirnentwicklung kommen die ersten Signalmuster, anhand derer sich die ersten Verschaltungsmuster in den zuerst ausreifenden Bereichen des Gehirns strukturieren, aus dem Körper des Fötus. Dabei handelt es sich um Erregungsmuster aus den verschiedenen Körperorganen, von der Körperoberfläche und aus den unterschiedlichen Muskelgruppen. Immer dann, wenn beispielsweise der Arm des ungeborenen Kindes zuckt, entsteht im Gehirn ein spezifisches Erregungsmuster, und je häufiger dieses Muster aufgebaut wird, weil der Arm wieder zuckt, umso stabiler wird es. Und je koordinierter diese Vernetzungen im Gehirn die Bewegungen des Armes steuern können, desto präziser werden die Armbewegungen. Am Ende der Schwangerschaft kann man dann beobachten, wie das ungeborene Kind mit Hilfe dieser nutzungsabhängig herausgeformten, seine Armbewegungen steuernden Vernetzungen in der Lage ist, seinen Daumen gezielt in den Mund zu stecken. Ist kein Arm da, kann sich im Gehirn auch keine solche Nervenzellverschaltung zur Steuerung der Armbewegungen herausbilden.

Hat ein Kind schon vorgeburtlich sehr große Extremitäten, so wird in seinem Gehirn ein für die Steuerung dieser großen Arme und Hände optimales Netzwerk aus diesem primär bereitgestellten Überschuss an Vernetzungsoptionen angelegt. Sind die Extremitäten eines Embryos eher klein und filigran, entsteht ein anderes, für ihre Steuerung optimal geeignetes Netzwerk. Nach der Geburt wird man beobachten können, dass jedes dieser beiden Kinder etwas anders greift und zugreift. Im Kindergarten wird man dann feststellen, dass ein Kind beispielsweise mit der Schere besser eine Papierschablone ausschneiden kann als das andere. Und weil das praktische Greifen mit den Händen nur die Vorstufe für das spätere gedankliche Begreifen ist, wird irgendwann die Lehrerin in der Grundschule feststellen, dass sich beide Kinder auch darin unterscheiden, wie schnell sie komplexe und abstrakte Zusammenhänge begreifen. Im Gespräch mit der Mutter kommt man anschließend wahrscheinlich darauf, dass Fritzchen seine Begriffsstutzigkeit vom Vater geerbt haben müsse. Was Fritzchen aber von seinem Vater genetisch vererbt bekommen hat, ist kein Gen für Begriffsstutzigkeit, sondern die Anlage für die Herausbildung ziemlich großer Arme und Hände.

So kommt jedes Kind mit Vernetzungen in seinem Gehirn zur Welt, die – weil sie anhand der aus dem eigenen Körper im Gehirn ankommenden Signalmuster und der dafür optimierten Reaktions- und Antwortmuster stabilisiert worden sind – genau zu diesem Körper des betreffenden Kindes »passen«. Und weil jedes Kind in seiner genetischen Veranlagung einen einzigartigen Körper ausbildet, hat es eben auch ein ganz besonderes, ein einzigartiges Gehirn. Bis auf eineiige Zwillinge. Die haben sehr ähnliche körperliche Merkmale, anhand derer sich dann auch ihr Gehirn in sehr ähnlicher Weise strukturiert.

Aber es wird noch viel spannender. Natürlich machen auch alle Kinder, bevor sie auf die Welt kommen, bereits unterschiedliche Erfahrungen im Mutterleib. Der Schatz an eigenen, bereits im Mutterleib gemachten Erfahrungen, den jedes Baby mit auf die Welt bringt, ist weitaus größer, als bisher angenommen. Nicht nur die in den älteren Bereichen des Gehirns angelegten Nervenzellverschaltungen zur Steuerung aller lebenswichtigen Körperfunktionen sind zum Zeitpunkt der Geburt weitgehend ausgereift. Auch die emotionalen Zentren im sogenannten limbischen System sind gut entwickelt. Gefühle wie Angst oder Wohlbefinden kennt das Baby also schon. Es hat bereits vor der Geburt gelernt, mit Armen und Beinen zu strampeln, sich zu drehen und zu wenden und sogar an seinem Daumen zu lutschen. Die zur Koordination all dieser Bewegungen erforderlichen Nervenzellverschaltungen sind nutzungsabhängig miteinander verknüpft und stabilisiert worden.

Deshalb kennt das Baby seinen Körper recht gut. Und es hat bereits eine ganze Reihe von Erfahrungen über die Welt »da draußen« gemacht und in seinem Gehirn als entsprechende Repräsentanzen (Nervenzellverschaltungen) verankert: Es kennt die Stimme der Mutter (und des Vaters), ihre Lieblingslieder und Lieblingsmusik und weiß, wie die Mutter riecht (weil die Duftstoffe und Aromen auch im Fruchtwasser enthalten waren). Es mag das Schaukeln, das es schon kennt, ebenso wie den Rhythmus des Herzschlags, der ihm bestens vertraut ist. Doch die höheren, sehr langsam ausreifenden vorderen Bereiche der Hirnrinde, des sogenannten Frontalhirns, sind noch nicht »verkabelt«. Deshalb »weiß« das Baby noch nicht, was es schon alles weiß.

Ein Experiment mit frisch geschlüpften Hühner-, Enten- und Gänseküken eignet sich besonders gut, um zu veranschaulichen, wie diese Lernprozesse ablaufen. Bringt man die Küken in einen Raum, in dem aus drei Lautsprechern der Lockruf einer Henne, einer Ente und einer Gans ertönt, läuft jedes von ihnen genau zu dem Lautsprecher, wo es gewissermaßen »hingehört«. Auch dann, wenn es im Brutschrank ausgebrütet wurde und den artspezifischen Lockruf noch nie gehört hat. Das sieht auf den ersten Blick nach Vererbung aus, aber so einfach ist es nicht. Die Küken rufen nämlich schon vor dem Schlüpfen aus dem Ei heraus. Verhindert man das, zum Beispiel durch Verkleben des Schnabels – dazu muss man ein kleines Loch in die Eischale machen und den Schnabel zukleben – , wissen sie später nicht, zu welchem mütterlichen Lockruf sie laufen sollen. Ihr Gehirn lernt den artspezifischen Ruf durch das eigene Gepiepse. Nach dem Schlüpfen rennen die Küken dann immer dorthin, wo es so ähnlich klingt wie das Gepiepse, das sie selbst im Ei erzeugt haben. Der artspezifische mütterliche Ruf enthält nämlich bestimmte Frequenzen, die diesem Piepsen sehr ähnlich sind. Was so aussieht, als sei es vererbt, ist also in Wirklichkeit erworben, allerdings bereits vor der »Geburt«.

Jedes Kind hat, wenn es zur Welt kommt, Vernetzungen in seinem Gehirn herausgebildet, die nicht nur genau zu seinem Körper passen, sondern auch durch die Sinneseindrücke und Einflüsse von seiner Mutter und ihren körperlichen Reaktionen geprägt und gelenkt worden sind. Aus diesem Grund ist jedes Kind einzigartig und sein Gehirn ein einzigartig herausgeformtes Gebilde. Für den späteren Erwerb bestimmter Leistungen bringen manche Kinder bereits bei ihrer Geburt günstigere Voraussetzungen mit, in anderen Bereichen sind sie dann vielleicht weniger begabt. Und doch ist das noch nicht die ganze Erklärung für das, was wir eine angeborene Begabung nennen.

Ein Ungeborenes kann im Mutterleib ja auch schon Erfahrungen machen, die es mit Gefühlen verknüpft. Wenn die Mutter zum Beispiel Angst vor dem Vater hat, spürt der Fötus das. Die Bauchdecke der Mutter zieht sich während des Streits zusammen, Stresshormone werden ausgeschüttet, das Herz rast. Das Kind wird zusammengedrückt, es hört die schnellen Herztöne der Mutter und die laute Stimme des brüllenden Vaters. Der Fötus erstarrt. Diese Erfahrung wird im Gehirn abgespeichert. Die Netzwerke, die beim eigenen Zusammengedrücktwerden und der Wahrnehmung der lauten Stimme des brüllenden Vaters aktiviert werden, verbinden sich. Nach der Geburt verfällt das Kind dann automatisch in eine ähnliche Erstarrung, wenn der Vater laut wird.

Umgekehrt kann man sich vorstellen, dass beispielsweise Mozarts Mutter sich immer dann besonders wohlfühlte und bei Stress entspannte, wenn ihr Mann musizierte. Der kleine Mozart in ihrem Bauch bekam dann mehr Raum zum Bewegen, und Atmung und Herzschlag der Mutter wurden harmonischer. Vielleicht streichelte und wiegte sie dabei sogar liebevoll ihren Bauch. Das Erleben von Musik wurde so bei ihrem ungeborenen Kind mit einem angenehmen Gefühl verkoppelt. Kein Wunder also, dass Amadeus auch nach der Geburt immer dann, wenn er Musik hörte, dieses Gefühl wiedererlebte und verzückt war. Ähnliches gilt für eine Frau, die während der Schwangerschaft gern joggt, sich dabei entspannt und Glück empfindet. Das kann dazu führen, dass auch ihr Kind später besondere Lust beim Geschaukeltwerden und Sichbewegen empfindet.

Natürlich gibt es auch Kinder, deren Gehirn sich unter ungünstigen, die normale Entwicklung des Körpers oder des Gehirns störenden Einflüssen entwickeln musste. Solche Kinder fallen später dadurch auf, dass sie bestimmte Leistungen, die andere Kinder problemlos erbringen, nur sehr langsam und auch nur in begrenztem Umfang ausbilden. Sie kommen mit einem angeborenen Handicap zur Welt. Allzu leichtfertig bezeichnen wir sie als »Behinderte«. Zum Bespiel Menschen, die keine Arme oder nur Armstummel besitzen, weil sie vorgeburtlich durch das Medikament Contergan geschädigt worden sind. Haben Sie schon einmal gesehen, was diese Kinder mit ihren Beinen und Füßen zustande bringen? Das ist ganz und gar außergewöhnlich, also auch eine besondere Begabung. Haben Sie schon einmal beobachtet, zu welchen Leistungen taube oder blinde Menschen in der Lage sind? Wie anders als außergewöhnlich soll man die Fähigkeiten bezeichnen, die diese Kinder als Kompensationsleistungen entwickeln, um sich trotz ihres Handicaps in der Welt zurechtzufinden? Und wie viele gerade dieser Kinder haben sich später zu ganz besonderen Menschen entwickelt, die wir als begnadete Erfinder, Künstler oder Wissenschaftler bewundern!

Immer wieder gibt es außergewöhnliche Denker, die Probleme gelöst haben, an denen sich Experten vergeblich die Köpfe zerbrochen haben, die andererseits aber nicht in der Lage waren, sich im normalen Leben zurechtzufinden. Sie alle hatten ein Handicap, das sie durch ein außergewöhnlich gut ausgebildetes analytisches Denken mehr oder weniger gut zu kompensieren imstande waren: Ihnen mangelte es an emotionaler Sensibilität, sie konnten sich schon als Kinder nur schwer in die Gefühlswelt anderer Menschen hineinversetzen. Albert Einstein soll auch so einer gewesen sein. Bei den sogenannten Savants, wie Psychiater sagen, also autistisch veranlagten Menschen, lässt sich dieses Phänomen in noch stärkerer Ausprägung beobachten: Sie können sich so gut wie alles merken, aber finden sich im sozialen Leben einfach nicht zurecht. Auch das ist, wenn man so will, eine besondere Begabung.

Wie unterschiedlich die Bedingungen auch sein mögen, unter denen sich das kindliche Gehirn strukturiert, die Herausbildung einer besonderen Gabe folgt immer dem gleichen Prinzip: Es muss für die Person als Fötus oder in der frühen Kindheit besonders bedeutsam gewesen sein, diese Fähigkeit und die dieser Fähigkeit zugrunde liegenden neuronalen Vernetzungen herauszuformen. Deshalb müssen wir, um die Entstehung einer besonderen Begabung zu verstehen, eine entscheidende Frage stellen: Was war für das betreffende Kind im Verlauf seiner bisherigen Entwicklung besonders wichtig? Was hat ihm besonders geholfen und deshalb dazu geführt, dass sich diese besonderen Verschaltungen in seinem Gehirn herausbilden konnten, die zur Grundlage dessen wurden, was sich bei diesem Kind schließlich als eine besondere Begabung erweist?

Neben den Signalen des eigenen Körpers und denen der Mutter noch im Mutterleib ist für das Kind all das bedeutsam – das wissen wir als Erwachsene aus eigener Erfahrung –, was »unter die Haut« geht und ein Gefühl in uns auslöst. Es ist zwar wichtig, welches Problem, welche Störung oder Bedrohung dieses Gefühl ausgelöst hat. Aber weitaus bedeutsamer ist die Lösung, die wir gefunden haben, um damit klarzukommen. Oder eine Gefahr abgewehrt zu haben. Die Art und Weise, wie wir uns im Leben zurechtzufinden versuchen.

Immer dann, wenn uns das gelingt, bringen wir nach einer Störung gewissermaßen wieder »Ordnung« in unser Gehirn. Neurobiologen bezeichnen dies als Wiederherstellung von Kohärenz. Sie meinen damit nichts anderes, als dass alles, was eben noch durcheinander gewesen ist, nun wieder in Einklang, in Resonanz, in Synchronisation kommt. Immer dann, wenn wir eine Störung unseres inneren Gleichgewichts durch eine eigene »Gegenregulation« auszugleichen imstande sind, wenn wir also eine Lösung für ein Problem finden, werden in unserem Gehirn die sogenannten emotionalen Zentren aktiviert. Das sind neuronale Netzwerke im Mittelhirn mit Nervenzellen, deren Fortsätze sich weit in andere Hirnbereiche erstrecken. Wenn es zu einer Erregung dieser emotionalen Zentren kommt, werden neuroplastische Botenstoffe ausgeschüttet, die eine besondere Wirkung auf nachgeschaltete Netzwerke haben. Die dort eingebundenen Nervenzellen beginnen dann, all jene Eiweiße vermehrt herzustellen, die für das Wachstum und die Stabilisierung von Fortsätzen und Kontakten gebraucht werden. So kommt es zu einer, man könnte sagen, durch die Freude an der gefundenen Lösung ausgelösten Verstärkung und Verbesserung der Verschaltungsmuster im Gehirn, die zu dieser Lösung erfolgreich eingesetzt wurden. Deshalb werden nicht nur wir, sondern auch schon kleine Kinder immer besser bei der Entfaltung ihrer besonderen Begabungen, je mehr Freude sie dabei empfinden. Diese Freude kann man jedoch weder anordnen noch erzeugen. Jedes Kind kann sie nur selbst empfinden. Und das erlebt auch schon ein Kind nur dann, wenn ihm etwas wirklich wichtig, eben bedeutsam ist.

Die Entfaltung von Begabungen

Jedes Kind kommt also mit einem Gehirn zur Welt, mit dessen Hilfe es nicht nur seinen Körper und alle im Körper ablaufenden Prozesse optimal steuern kann, sondern mit dem es auch all das lernen kann, worauf es in seinem weiteren Leben ankommt. Deshalb verfügt jedes Kind über ein ganz besonderes, für die Organisation seines Körpers und für sein weiteres Wachstum und seine weitere Entwicklung optimal geeignetes Gehirn. Und so ist jedes Kind, jedes auf seine besondere Weise, hoch begabt. Es startet seine Reise ins Leben mit einer Fülle an Möglichkeiten. Das Überangebot an Vernetzungsoptionen wird immer noch nicht richtig gewürdigt. Aufgabe von Erziehung kann es nur sein, jedem Kind eine Welt zu bieten, in der es Gelegenheit bekommt, möglichst viele dieser in seinem Gehirn angelegten Vernetzungsoptionen zu stabilisieren. Das müsste eine Lebenswelt sein, in der es Freude daran hat, alles zu erkunden, zu entdecken, zu erforschen und zu lernen. Ein solches Kind würde seine angeborene Entdeckerfreude und Ge-

staltungslust, seine Offenheit und seine Beziehungsfä-
higkeit auch nicht verlieren. Sein Interesse an der Viel-
falt sinnlicher Wahrnehmungen würde ebenso wenig
verschwinden wie seine Lust am Leben und seine Fähigkeit zu lieben.

Damit Kinder all das nicht verlieren, brauchen sie das
sichere Gefühl, so angenommen und gemocht zu werden, wie sie sind. Und mit all ihren Begabungen gesehen zu werden. Aus dieser neurobiologischen Perspektive kann das Erziehungsziel nur sein, Kinder dabei zu
unterstützen, damit das Selbstverständliche geschieht:
die Ausbildung vielfältiger Kompetenzen. Dazu kann
man sie nur einladen, ermutigen und inspirieren. Und
dazu brauchen Kinder eine liebevolle Führung. Eine
Führung, die überall dort klare Grenzen zieht, wo das
Kind Gefahr läuft, sich auf seinem Weg in eine selbst-
bestimmte Zukunft selbst zu behindern oder gar zu
verlaufen.

Alles andere hat mit Erziehung nichts zu tun. Wer
nach wie vor meint, Kinder mit Bestrafung und Belohnung dazu bringen zu müssen, sich so zu verhalten,
wie er das möchte, erzieht nicht. Er richtet ab. Dres-
siert. Ein Kind erlebt diese Versuche als Verletzung seines tiefen Bedürfnisses nach Verbundenheit. Es macht
die schmerzvolle Erfahrung, dass es so, wie es ist, nicht
richtig ist, und dass es sich so verhalten muss, wie es
seine »Erzieher« wünschen, damit es von ihnen wieder

angenommen wird und dazugehören darf. Dressur, Bestrafung oder Belohnung bewirken, dass eine Leistung nicht als ein eigenes Werk, sondern als etwas von anderen Aufgezwungenes bewertet wird. Ein Kind erlebt sich so nicht als selbstbestimmtes Wesen, sondern als Objekt der elterlichen Erziehungsbemühungen. Es wird zurechtgestutzt, wie Gärtner einen Baum beschneiden, damit er möglichst viel »Ertrag« bringt.

Mit solch erzwungenen eigenen Leistungen wird sich kein Kind identifizieren können. Es wird sie deshalb ablehnen, auch wenn es in der Schule gute Noten vorweisen kann. Wer straft, verhindert also die Entfaltung von Begabungen. Auch eine Belohnung steigert nicht die Lust am Lernen und an der eigenen Leistung. Was damit erreicht wird, ist sogar oft genau das Gegenteil. Das Kind, einmal belohnt, versucht immer mehr eine Leistung zu erreichen, die es eigentlich nicht erbringen möchte. Für die es sich nur der Belohnung wegen anstrengt. So entwickeln Kindern früh ein Verhandlungsgeschick: Was bekomme ich dafür, dass ich abtrockne? Was, wenn ich für die Schule lerne? Mit der Zeit steigern sie ihre Ansprüche, in diesem Wettbewerb gibt es nur Verlierer. Kinder werden so immer besser in der möglichst geschickten Beschaffung von Belohnungen. Im schlimmsten Fall werden sie abhängig von Belohnung. Wie ein Pferd, das sich auch nur im Kreis dreht, wenn man ein Stückchen Zucker bereithält.

Bis ins vorige Jahrhundert waren Abrichtung und Dressur als Erziehungsmethoden von Kindern durchaus die Regel. Damals kam es noch nicht so sehr darauf an, die heranwachsende Generation in die Lage zu versetzen, ein selbstbestimmtes Leben zu führen. Damals ging es vor allem darum, dass jeder Einzelne in seiner Familie, in der Schule, im Dorf und bei der Arbeit möglichst gut und reibungslos funktionierte. Möglichst keine Fragen stellte, nicht »neugierig« war, sondern machte, was getan werden musste. Not, Angst, Armut und Bedrohung hielten Gemeinschaften zusammen, nur gemeinsam konnten sie überleben. Selbstbewusste und selbstständige Personen mit einer eigenen Meinung und eigenen Ideen wurden als unangepasste Störer betrachtet, die nicht dazu beitrugen, den bescheidenen Wohlstand zu sichern und die Gemeinschaft stabil zu halten.

Noch immer versuchen wir unsere Kinder auf diese Weise zu erziehen. Als wäre es möglich, kleine Kätzchen auf das Mäusefangen vorzubereiten, indem durch Lernprogramme zunächst das Stillsitzen und Beobachten, später das Zupacken und Festhalten und schließlich das Fressen einer Maus geübt wird. All das lernen die kleinen Kätzchen aber von allein. Allerdings nur dann, wenn man sie nicht stört oder ihnen die zum Erlernen und Einüben dieser Fähigkeiten erforderlichen Spielräume nimmt. Vor allem müssten die Jungen Gelegenheit bekommen, einer anderen Katze zuzuschauen, die das Mäusefangen bereits beherrscht. Genau so geht es auch allen Säugetieren, die ein Gehirn besitzen, dessen endgültige, für die Bewältigung der jeweiligen artspezifischen Leistungen erforderliche innere Struktur erst während der Kindheit nutzungsabhängig herausgeformt wird.

Menschenkinder müssen sogar fast alles, worauf es in ihrem späteren Leben ankommt, durch eigene Erfahrungen lernen. Eine neue Erfahrung macht ein Kind am ehesten, wenn es ein Problem hat und dann merkt, wie andere es lösen. So wird das Vertrauen und die Bindung an andere gefestigt und der Mut zur Bewältigung neuer, noch schwierigerer Herausforderungen gestärkt. Dies gelingt nur dann, wenn die Probleme nicht zu klein, also langweilig und uninteressant, oder zu groß, also überfordernd und nicht zu bewältigen sind. Im ersten Fall bleibt als Erfahrung nur, dass »nichts Spaß macht«. Dann verlieren Kinder entweder ihre Neugier und Begeisterungsfähigkeit oder wenden sich anderen Dingen zu. Vielleicht »stören« sie dann sogar und machen »Blödsinn«. Wenn die Anforderungen und Probleme die Fähigkeiten der Kinder übersteigen, bekommen sie Angst. Diese Angst führt im Gehirn zu einer Reaktionskette, die das Erlernen von Neuem verhindert, bereits Erlerntes destabilisiert und das Kind auf sehr früh entwickelte und daher recht einfache Verhaltensstrategien zurückwirft.

Was für ein Kind entweder zu wenig Herausforderung oder übermäßige Belastung bedeutet, kann niemand anderes entscheiden als das Kind selbst, manchmal auch eine einfühlsame, dem Kind sehr nahestehende, mit ihm eng vertraute Bezugsperson. Alle anderen können nicht beurteilen, was in einem Kind vorgeht. Allzu leicht erscheint dann dem Kind das, was von ihm erwartet und ihm abverlangt wird, als entweder zu wenig oder zu viel. Das ist das Problem aller Förderungsmaßnahmen, die wie ein Rasenmäher über die individuellen Besonderheiten und bisherigen Erfahrungshorizonte von Kindern hinweggezogen wird.

Ist das Kind die einzige Person, die wirklich genau beurteilen kann, welche Aufgaben und Probleme ihm zu einfach und welche ihm zu kompliziert erscheinen, folgt daraus, dass Kinder ihre Begabungen auch nur dann entfalten können, wenn es interessante Angebote gibt und man das Kind selbst entscheiden lässt, welches dieser Angebote es aufgreifen will. Am besten gelingt das, wie bei den Kätzchen, im Spiel. Deshalb brauchen Kinder genügend Raum und Zeit zum Spielen.

Wer erreichen möchte, dass Kinder in diesen Freiräumen auch genau die Erfahrungen machen, auf die es im Verlauf ihres weiteren Lebens besonders ankommt, müsste versuchen, das Interesse des Kindes auf die spielerische Entdeckung und Erprobung eben dieser Fähigkeiten und Fertigkeiten zu lenken. Das gelingt am leichtesten, wenn man sein Kind für etwas begeistern kann. Für etwas, was einen selbst begeistert. Wer ein passionierter Segler ist, wird das auch seinem Kind vermitteln können. Er wird es mit seinem Enthusiasmus mitreißen können, solange er es nicht zum Segeln zwingt.

Nur unter dem einfühlsamen Schutz und der kompetenten Anleitung durch erwachsene Vorbilder können Kinder ihre eigenen Fähigkeiten erkennen und weiterentwickeln. Nur so kann im Frontalhirn ein eigenes, inneres Bild von Selbstwirksamkeit stabilisiert und für die Selbstmotivation in allen nachfolgenden Lernprozessen genutzt werden. Nur so gelingt es Kindern, sich im heutigen Wirrwarr von Anforderungen, Angeboten und Erwartungen zurechtzufinden.

Die Herausbildung komplexer Verschaltungen im kindlichen Gehirn kann nicht gelingen, wenn Kinder in einer Welt aufwachsen, in der die Aneignung von Wissen und Bildung keinen Wert besitzt, wie in der sogenannten Spaßgesellschaft. Wenn es nur darauf ankommt zu konsumieren. Wenn Kinder nur vor dem Fernseher sitzen. Oder vor einem Computer. Wenn sie mit Reizen überflutet werden oder wenn man sie durch Verwöhnen daran hindert, eigene Erfahrungen bei der Bewältigung von Schwierigkeiten zu machen.

Stellen Sie sich vor, es gäbe ein Zaubermittel, das Ihr Kind stillsitzen und aufmerksam zuhören lässt, das seine

Phantasie beflügelt und seinen Sprachschatz erweitert. Und es zudem befähigt, sich in andere Menschen hineinzuversetzen und deren Gefühle zu teilen, sein Vertrauen stärkt und es mit Mut und Zuversicht in die Zukunft schauen lässt. Dieses Superdoping für Kindergehirne gibt es. Man bekommt es nicht in der Apotheke, keine Frühförderanstalt bietet es an. Es kostet nichts. Im Gegenteil. Wer seine Kinder damit beschenkt, bekommt sogar etwas zurück: Nähe, Vertrauen und ein Strahlen in den Augen des Kindes. In einer Kultur, die von Effizienzdenken geprägt ist, fällt es allerdings nicht leicht, den Blick auf diese scheinbar nutzlosen Beschäftigungen zu richten, die Kindern helfen, die in ihnen angelegten Begabungen optimal zu entfalten. Diese unbezahlbaren Zaubermittel sind gemeinsames Singen, gemeinsam erlebte Märchenstunden, gemeinsames Spielen, gemeinsames Tanzen, Musizieren, Malen oder Basteln. Zum Glück ist die Erklärung dieses Phänomens ganz einfach: Im gemeinsamen Tun erleben Kinder etwas, was sie nicht erleben, wenn sie unterrichtet werden und wir ihnen mit den besten Absichten und den ausgefeiltesten didaktischen Verfahren etwas beizubringen versuchen. Sie erleben Glück in der Gemeinschaft, ein Gefühl, das sie aus der Gemeinschaft mit der Mutter, in der dunklen sicheren Höhle, schon kennen. Diese Erfüllung entsteht, weil in diesem gemeinsamen Tun ihr wichtigstes Bedürfnis gestillt wird: verbunden zu sein und in dieser

Verbundenheit gleichzeitig zu wachsen. Um frei zu sein und autonom zu werden.

Märchenstunden etwa, das Erzählen von Geschichten, sind die höchste Form des Unterrichtens. Denn Lernen gelingt am besten, wenn die emotionalen Zentren im Gehirn aktiviert und all jene Botenstoffe freigesetzt werden, die das Knüpfen neuer Verbindungen zwischen den Nervenzellen fördern. Damit es richtig »im Bauch kitzelt«, ist die Atmosphäre wichtig. Man kann eine Kerze anzünden oder die Märchenstunde zu einem richtigen Ritual machen. Das hilft Kindern, zu entspannen und sich zu konzentrieren. In aller Ruhe werden so ziemlich komplizierte Erregungsmuster im Gehirn aufgebaut.

Der Inhalt sollte sorgfältig gewählt, die Geschichte aufregend sein und doch dem Kind keine übermäßige Angst machen. Aber wenn die Helden Gefahren bestehen, selbst ein wenig Furcht zeigen und am Ende doch das Böse bezwingen, ist das höchste Motivation und Ermutigung. Es ist nicht gleichgültig, wie eine Geschichte erzählt oder vorgelesen wird. Das Kind muss merken, dass der Erzähler oder die Erzählerin selbst ebenfalls begeistert und betroffen, bestürzt oder erschüttert ist. Und das Kind beim Lesen immer wieder anschaut. Dieser enge Kontakt und die Erfahrung, dass Vater oder Mutter mitfiebern, machen Märchen aus hirnbiologischer Sicht zum Besten, was wir unseren Kindern bieten können. Die Welt braucht Geschichten, und Kinder erst recht.

Eltern sollten Kindern die Märchen vorlesen, am besten sogar frei erzählen. Märchenstunden aus dem Rekorder oder im Fernsehen haben einen sehr viel geringeren Effekt. Es kann kein Austausch stattfinden; Apparate sind nicht in der Lage, Stimmungen einzufangen. Sie lassen Kinder mit ihren Gefühlen allein. Das Zaubermittel sind nicht die Märchen an sich, es ist der intensive Austausch über Gefühle, das Erleben von Nähe und Sicherheit.

Aber das ist noch nicht alles. Denn im Gehirn eines Erzählers oder Vorlesers werden alte Erinnerungen wach, nicht nur Erinnerungen an den genauen Inhalt der Geschichte, sondern vor allem Erinnerungen daran, wie es damals war, als sie selbst diese Märchen hörten. Dann ist das Gefühl von damals wieder da. Die Erfahrung einer intensiven Begegnung mit einem lieben Menschen. Man erinnert sich an das Schaudern und Kribbeln und eine beruhigende Stimme. An den Ort der Erinnerung, das Wohnzimmer, die Küche, das Sofa. All das taucht deutlich spürbar aus dem im Hirn abgespeicherten Erfahrungsschatz der frühen Kindheit auf. Weil Märchen solche frühen, emotional positiv bewerteten Erinnerungen wachrufen, machen sie auch uns Erwachsene auf eine geheimnisvolle Weise wieder stark. Man fühlt sich besser, gestärkt und zuversichtlich, mutiger und befreiter. Märchen sind also auch Balsam für die Seelen der Großen.

Alles, was die Fähigkeit von Kindern verbessert, zu sich und zu anderen eine gute Beziehung aufzubauen, ist die wichtigste »Entwicklungshilfe«, die wir unseren Kindern bieten können. Dazu gehört auch das Singen. Singen aktiviert emotionale Zentren und wird mit einem lustvollen, glücklichen, befreienden emotionalen Zustand verkoppelt. Singen, so sagt man, macht das Herz frei. Gemeinsames und lustvolles Singen führt darüber hinaus zu sozialen Resonanzphänomenen. Die Erfahrung von »sozialer Resonanz« ist eine der wichtigsten Ressourcen für die spätere Bereitschaft, gemeinsam mit anderen Menschen nach Lösungen für schwierige Probleme zu suchen. Gemeinsames Singen fördert die Fähigkeit, sich auf andere einzustimmen, und schafft so die Grundlage für den Erwerb sozialer Kompetenzen wie Rücksichtnahme, Einfühlungsvermögen, Selbstdisziplin und Verantwortungsgefühl. Beim Singen kommt es zu sehr komplexen Rückkopplungen zwischen erinnerten Mustern wie Melodie, Tempo und Takt und dem zum Singen erforderlichen Aufbau sensomotorischer Muster zwischen der Wahrnehmung und der Tonbildung. Singen ist ein ideales Training für Selbstreferenz, Selbstkontrolle, Selbststeuerung und Selbstkorrektur. Gemeinsames Singen erleichtert nicht nur die Integration von Kindern aus anderen Kulturen oder von Behinderten, es schafft auch ein Gemeinschaftsgefühl.

Die Erfahrung, in engster Verbundenheit mit jemandem zu wachsen, haben alle Kinder bereits vorgeburtlich und zumindest auch eine Zeitlang nach ihrer Geburt gemacht. Diese Grunderfahrung ist tief in ihrem Gehirn verankert und schon vor der Geburt zu einer Erwartungshaltung verdichtet worden. Deshalb lieben alle Kinder solche Erfahrungen, die es ihnen ermöglichen, sich gleichzeitig verbunden und frei zu fühlen.

Wenn Kinder die Erfahrung machen müssen, dass sie entweder nicht die Nähe und Verbundenheit finden, die sie brauchen, oder nicht ihren autonomen Regungen, ihrer Gestaltungslust und Entdeckerfreude nachgehen können, passiert in ihrem Hirn genau das, was immer im Gehirn passiert, wenn das Gegenteil von dem eintritt, was man erwartet: Verunsicherung, Irritation, Angst. In der Folge wird dann eine Angst- und Stressreaktion ausgelöst, eine Übererregung. Dieses Durcheinander verleidet jedem Kind die Lust am Lernen. Es würde ihm besser gehen, wenn es jemanden fände, der es annimmt, wie es ist. Ohne eigene Erwartungen und ohne etwas aus ihm machen zu wollen. Jemand, der es einlädt, ermutigt und inspiriert, gemeinsam mit anderen etwas zu entdecken oder zu gestalten. Diesen Zustand der geteilten Aufmerksamkeit, *Shared Attention,* wie es im Englischen heißt, erlebt ein Kind beispielsweise dann, wenn es zusammen mit seiner Mutter ein Bilderbuch betrachtet, wenn es zusammen mit anderen Kindern Bauklötze stapelt, mit anderen singt, tanzt, musiziert, malt oder etwas bastelt. Dann fühlt sich das Kind in diesem gemeinsamen Tun auf das Engste mit allen anderen verbunden. Aber es ist gleichzeitig auch frei und autonom und kann sich mit allen seinen Fähigkeiten und Interessen in dieses gemeinsame Tun einbringen. So werden seine Grundbedürfnisse gestillt, und das Kind ist auch bereit, seine eigenen Wünsche kurzzeitig zurückzustellen, sich anzustrengen, auf die anderen zu achten, sie zu ermutigen und anzuspornen, damit das gemeinsame »Werk« gelingt.

Aus neurowissenschaftlicher Sicht spricht alles dafür, dass die nutzloseste Leistung, zu der Menschen befähigt sind – und das ist neben dem freien Spiel und dem Märchenerzählen zweifellos das unbekümmerte, absichtslose Singen –, den günstigsten Einfluss auf die Entwicklung von Kindergehirnen hat. Wie hat Albert Einstein gesagt? »Mache die Dinge so einfach, nicht aber so kompliziert wie möglich.«

4 Leider oft verschenkt: Was wir aus den Begabungen unserer Kinder machen

Überall und zu allen Zeiten machen Menschen besondere Erfahrungen, wenn sie in eine bestimmte Familie, in eine dörfliche oder städtische Lebensgemeinschaft, in einen bestimmten Kulturkreis hineinwachsen und dabei, wie wir sagen, »erwachsen« werden. Die Kinder erwerben ähnliche Vorstellungen davon, worauf es im Leben ankommt, verfolgen ähnliche Ziele und teilen die gleichen Sorgen. So wird jeder Mensch in viel stärkerem Ausmaß, als es den meisten bewusst ist, zum Teil einer Kulturgemeinschaft.

Da diese erfahrungsabhängig herausgeformten Verschaltungsmuster sein Denken, Fühlen und Handeln bestimmen, wird jeder Mensch zwangsläufig zum Träger und Bewahrer der Kultur, in der er lebt. Besonders deutlich wird das, wenn Mütter oder Väter ihren Kindern weitergeben möchten, was sie selbst gelernt haben. Was ihnen wichtig erscheint. Das ist zwangsläufig in jeder Familie verschieden, ist in christlich geprägten Familien anders als bei Muslimen, in reichen Familien anders als in armen. Es gibt Unterschiede zwischen großen Städten und kleinen Dörfern, und in Brasilien denken und verhalten sich Eltern anders als in Deutschland. Kinder werden also überall mit unterschiedlichen Vorstellungen groß. Heute beginnen wir zu verstehen, welche Auswirkungen die Weitergabe von Erfahrungen auf die Begabungen der Kinder hat, die in ihnen angelegt sind.

Früher war das Leben der Menschen häufig von existenziellen Nöten geprägt. In vielen Gegenden der Welt ist das auch heute noch so. Dann werden natürliche Bedrohungen, Hunger und Elend, Krieg, Vertreibung und Unterwerfung zur vorherrschenden Erfahrung von Kindern und Eltern. Unter solchen Bedingungen geht es allen Eltern zunächst nur um das nackte Überleben, und das, was dafür erforderlich ist, müssen sie ihren Kindern so früh wie möglich beibringen. Dem Druck der Verhältnisse kann sich kein Kind in einer solchen Situation entziehen.

Und doch hat es immer Familien und Kulturgemeinschaften gegeben, denen es auch unter existenziellem Druck gelungen ist, bestimmte Fähigkeiten und Fertigkeiten auszubilden und sich Wissen und Kenntnisse anzueignen, die eine Weiterentwicklung ermöglicht haben. Durch den Anbau von Nutzpflanzen oder die Züchtung von Nutztieren erwarben sie einen gewissen Wohlstand und befreiten sich ein wenig von dem enormen Druck, der ihr Leben bestimmte. Um diesen bescheidenen Wohlstand aufrechterhalten zu können, mussten Eltern dafür sorgen, dass sich ihre Kinder diese besonderen Fähigkeiten und Fertigkeiten möglichst effizient aneigneten.

Der äußere Druck, der diese Erwachsenen selbst noch dazu gezwungen hatte, wurde so durch einen inneren Druck auf die Kinder ersetzt. Auf diese Weise begann sich herauszubilden, was wir bis heute »Erziehung« nennen. Es war der Prozess, existenziell und emotional abhängige Kinder durch Belohnungen und Strafen dazu zu bewegen, sich nicht nur so zu verhalten, wie es die Erwachsenen für notwendig und richtig erachteten, sondern auch all die Fähigkeiten zu erwerben, die nötig waren, um den Wohlstand zu vermehren. Und sich auch das Wissen anzueignen, auf dessen Grundlage all das geschaffen worden war, was der Familie, Sippe oder Kulturgemeinschaft bisher geholfen hatte, dem ursprünglichen äußeren Druck von Not und Elend, von Unterdrückung und Abhängigkeit zu entkommen.

Je abhängiger Kinder von ihren Eltern und anderen erwachsenen Bezugspersonen waren, desto besser funktionierte diese Art von Erziehung. Umso leichter ließen sich Kinder durch die Androhung von Strafen oder die Ankündigung von Belohnungen zu dem machen, was aus der Sicht ihrer »Erzieher« aus ihnen werden sollte.

Diese Methode hat bis zum Ende des 20. Jahrhunderts mehr oder minder gut funktioniert und wird in vielen Kulturgemeinschaften bis heute praktiziert. Und doch gibt es zwei Entwicklungen, die zwangsläufig dazu führen, dass dieses »Erziehungsmodell« – wahrscheinlich sogar viel schneller, als es die meisten Erwachsenen in unserem Kulturkreis für möglich halten – nicht mehr länger eingesetzt werden kann und durch eine andere Art von Erziehung abgelöst werden muss.

Die erste Entwicklung ist seit einigen Generationen bei uns bereits deutlich erkennbar: Die in die demokratischen westlichen Gesellschaften hineinwachsenden Kinder sind inzwischen weniger existenziell von ihren jeweiligen »Erziehern« abhängig. Sie lösen sich früher aus der Abhängigkeit von ihren Eltern, werden früher eigenständig und weigern sich zu akzeptieren, was sie zu tun und zu lassen haben. Sie finden beim Heranwachsen immer stärkeren Halt in Gruppen Gleichaltriger. Sie brauchen ihre Eltern weniger. Immer früher machen diese Kinder und Jugendlichen, was sie wollen, Druck imponiert ihnen nicht mehr. Weder der von Eltern noch der von Lehrern oder gar Polizisten. Sie werden zunehmend »immun« gegenüber angedrohten Bestrafungen und auch Belohnungen. Was sie nicht mögen, tun sie nicht.

Das treibt viele Eltern zur Verzweiflung, denn sie wissen nicht, wie sie damit umgehen sollen. Sie haben gelernt, was ihnen ihre Eltern beigebracht haben, aber dieses Wissen reicht heute nicht mehr. Es führt zu keinem

Ergebnis, jedenfalls nicht dem gewünschten. Viele Väter und Mütter kommen vielleicht mit ihren kleinen Kindern noch zurecht; aber sie scheitern, wenn die Kleinen größer werden. Ratlos verlagern Eltern deshalb ihre Erziehungsbemühungen auf immer frühere Zeitpunkte der kindlichen Entwicklung. In eine Phase, in der ihre Kinder alles andere brauchen als Belehrung, Belohnung oder Bestrafung. Die Unsicherheit der Eltern macht auch ihre Kinder orientierungslos. Sie sind überfordert mit Fragen, die sie nicht beantworten können. Sollen Entscheidungen treffen, deren Auswirkungen sie nicht kennen. Schon sechs Monate alte Kinder werden gefragt: Möchtest du dies? Oder lieber das?

Es gehört nicht viel Phantasie dazu, um vorherzusagen, dass es sich bei dieser Art von Erziehung um ein Auslaufmodell handelt. Immer mehr und immer jüngere Kinder entwickeln inzwischen alle möglichen psychischen Störungen und immer mehr Jugendliche lassen sich auch durch verstärkten Druck nicht mehr erziehen. Viele Eltern sind angesichts der Erfolglosigkeit ihrer Bemühungen überfordert und kapitulieren. Immer mehr Deutsche sind mittlerweile der Meinung, dass Eltern hierzulande nicht fähig sind, mit ihren Kindern fertig zu werden.

Die zweite Entwicklung, die sich auf die Erziehung auswirkt, ist die Veränderung der Lebensbedingungen in unserer modernen Gesellschaft, die in einem atemberaubenden Tempo erfolgt. In dieser durchlässig und flexibel gewordenen Welt wird eines immer wichtiger: die Fähigkeit, sich in die Gefühle anderer Menschen hineinzuversetzen und zu wissen, wie Gemeinschaft gelebt wird. Gebraucht werden Menschen, die Lust darauf haben, sich mit ihren besonderen Kenntnissen, Fähigkeiten und Fertigkeiten einzubringen, die Initiative ergreifen und Verantwortung übernehmen. Händeringend werden Leute gesucht, die selbstständig denken und teamfähig sind. Menschen, die von früh an gelernt haben, mit sich und anderen klarzukommen. Die wissen, woran sie mit sich und anderen sind.

Diese neue Welt verlangt nach starken Persönlichkeiten. Und nicht nach Kümmerversionen dessen, was aus ihnen hätte werden können.

Damit Kinder zu starken, selbstbewussten und umsichtigen Persönlichkeiten werden und die in ihnen angelegten Begabungen entfalten können, müssen sie aber das Gefühl haben, angenommen zu sein. So akzeptiert zu werden, wie sie sind. Sie brauchen Aufgaben und Herausforderungen, an denen sie wachsen und eigene Kompetenzen erwerben können.

So sollte es sein. Ist es aber oft nicht. Wenn Kinder nicht bekommen, was sie brauchen, leiden sie. Und suchen nach Lösungen, das Leid zu lindern. Es erträglich zu machen. Finden sie nicht, was sie brauchen, nehmen sie sich, was sie kriegen können. Das nennt man Ersatzbefriedigung. Computerspiele, zum Beispiel, können ein solcher Ersatz sein. Und wenn es nur ein Held aus dem Webbrowser ist, ein Held, für den man eine Steckdose braucht. Wenn dann Rambo auf dem Bildschirm gegen das Böse kämpft oder man mit einer Handbewegung Geisterarmeen in Marsch setzen kann, ist man vielleicht für kurze Zeit auch ein ganz Großer. Lieber wäre man mit seinem Vater zusammen, aber der ist nicht da. Oder mit seiner Mutter, aber die hat keine Zeit. In den Entwicklungsabteilungen der Spielzeugindustrie sitzen Psychologen, die genau wissen, wie sie ihre Figuren ausstatten müssen, damit sie ungestillte Bedürfnisse von Kindern und Jugendlichen befriedigen. Die modernen Medien, die Mode- und Musikindustrie, die Reisebüros und neuerdings sogar Schönheitschirurgen sind eilfertige Dienstleister für alle, die nicht das bekommen, was sie wirklich brauchen.

Es ist das Wesen eines Ersatzmittels, dass es nicht leistet, was es zu leisten verspricht. Keine Ersatzbefriedigung macht wirklich glücklich, keine stillt das Bedürfnis nach wirklicher Verbundenheit und nach ureigenen Entwicklungs- und Entfaltungsmöglichkeiten. Aber alle verengen den Blick. Sie lassen wichtig erscheinen, was eigentlich bedeutungslos ist. Sie verschaffen ein kurzes Lustgefühl, aktivieren das sogenannte Belohnungszentrum im Gehirn und hinterlassen einen faden Nachgeschmack. Und all jene Vernetzungen und Verschaltungen werden dabei verstärkt und ausgebaut, die ein Kind oder ein Jugendlicher in diesem kurzen Zustand der Begeisterung in seinem Gehirn nutzt, um das zu tun, was ihm zumindest vorübergehend etwas Erleichterung verschafft und Spaß bringt und ersatzweise hilft, den Schmerz zu unterdrücken. Den Schmerz darüber, dass ihnen der Austausch mit ihrem Vater und die Bindung zur Mutter fehlen. Dass sie von ihnen nicht gesehen werden und auch keine Möglichkeit geboten bekommen, zu zeigen, was wirklich in ihnen steckt. Diese Erfahrung ist niederschmetternd. Sie haut das stärkste Kind um. Es merkt sich, nicht richtig zu sein, und verliert nach und nach den Goldschatz, den jedes Kind mit auf die Welt gebracht hat. Allzu oft wird daraus ein Bleigewicht, das es zunehmend erdrückt.

Wenn die Liebe verraten wird

Nicht selten hört man heute, es sei mutig, sich auf Lebenszeit mit einem anderen zu verbinden und zu heiraten. Das stimmt, es ist mutig, manchmal aber auch leichtsinnig. Einige schaffen es und zeigen, dass es geht. Andere versuchen es, wohl wissend, dass man sich trennen kann, wenn es nicht klappt. Scheiden tut weh, ist aber eine Option. Dann kann man von seiner Ex-Frau sprechen und seiner neuen Freundin beichten, dass man auch schon mal verheiratet war. Aber Ex-Kinder, die gibt es nicht. Ex-Eltern auch nicht. Man bleibt Vater, man bleibt Mutter, ein Leben lang.

Doch solche lebenslangen Verbindlichkeiten sind nicht jedermanns Sache. Der moderne Mensch ist flexibel. Es ist zwar schön, eine Familie zu gründen, aber eigentlich kann man ja auch ganz gut allein zurechtkommen. Die modernen Zeiten haben das Alleinleben möglich gemacht. Wer nicht mehr heiratet, alleine wohnt und alleine reist, ist kein Außenseiter mehr, einer, der übrig geblieben ist. Und so jemand muss auf die Gefühle anderer keine Rücksicht nehmen und ist niemandem Rechenschaft schuldig. Er kann tun und lassen, was er will. Vielleicht wird das irgendwann langweilig, und es fällt einem zur Last und man sehnt sich danach, sich mit einem anderen Menschen zu verbinden. Dann wird man sehen, ob sich die Sehnsucht nach Geborgenheit und Vertrautheit doch noch erfüllt und wir die Launen und Macken eines anderen ertragen, akzeptieren und lieben lernen. Wir modernen Menschen kennen diesen Zwiespalt nur zu gut und sind hin- und hergerissen, weil wir die Wahl haben.

Eltern aber haben sich entschieden. Dafür, dass jemand auf sie wartet. Dafür, dass sie gebraucht werden. Mit dieser Entscheidung verbinden sie meist aber auch die Hoffnung, dass die Kinder wenig Arbeit machen und so werden, wie sie das erwarten. Dass sie keiner großen Pflege bedürfen, anpassungsfähig sind und so früh wie möglich selbstständig. Dass sie es ihnen erlauben, auch noch ein eigenes Leben zu führen und darüber hinaus dankbar sind für das, was Eltern und Erzieher ihnen angedeihen lassen.

Aber wie macht man das? Viele Eltern von heute sind verunsichert, wie sie mit ihren Kindern umgehen sollen. Sie möchten es vielleicht anders machen als ihre Eltern, wissen aber nicht, wie. Wie sehr wir uns auch daran gewöhnt haben, das Leben zu planen und vorhersehbar zu machen: mit Kindern geht das nicht. Denn auch heute, trotz moderner Techniken und Früherkennung, wie es heißt, lassen sich werdende Eltern auf ein unberechenbares Abenteuer ein. Es ist ja schon Aufgabe genug, das eigene komplizierte Leben zu meistern. Mit sich und den anderen klarzukommen. Dem Auf und Ab der eigenen Gefühle. Und plötzlich haben wir auch noch Verantwortung für ein fremdes Wesen, sind Teil einer Expedition geworden, deren Ausgang ungewiss ist. Wird das Kind gesund sein? Wie sieht es aus? Wird es Freude bereiten? Oder Kummer machen?

Wir können uns Freunde aussuchen und Ehepartner, aber nicht unsere Kinder. Sie kommen auf die Welt und sind uns ein Rätsel. Es sind kleine Geheimräte, deren Codes und Gesten wir erst einmal entschlüsseln müssen. Sie kennen keine Worte, es ist nur ihr Körper, der da spricht. Und wenn sie schreien, sind wir verunsichert, weil wir ihre Bedürfnisse im ersten Augenblick nicht erkennen. Verlangt das Baby etwas, beklagt es sich über etwas, hat es Hunger, braucht es Hilfe? Wir wissen es nicht, wir müssen es lernen. Von unseren Kindern lernen. Und wir müssen es lieben.

Von Liebe ist heute viel die Rede, in allen Varianten, aber selten im Zusammenhang mit Erziehung. Die Buchläden sind voll von Ratgebern und Anleitungen, wie man mit Kindern umgehen soll. Sie sagen Eltern, wie sie sich verhalten sollen, wenn das Kind nicht schläft, nicht gehorcht, nicht folgt. Ständig kommen neue Rezepte aus den Garküchen der Erziehungsberatung auf den Markt. Es wird gerührt und geschüttelt, portioniert und abgepackt, und fertig sind sie, die schlauen und glücklichen Kinder. Sie schauen aus Zeitfenstern und freuen sich auf »*Quality Time*«.

Nur die Liebe wird in diesem Zusammenhang selten thematisiert. Wer danach fragt, wie wir Eltern die Liebe zu unseren Kindern beschreiben würden, dem schlägt Unverständnis entgegen. Natürlich lieben Eltern ihre Kinder. Wir hören uns reden: Liebe, na klar, ohne die geht es nicht, ist doch keine Frage.

Viele Väter und Mütter sind überzeugt, von ihren Eltern geliebt worden zu sein. Weil es so sein muss und anders gar nicht sein kann. Aber vielleicht können wir uns nur nicht mehr daran erinnern, dass unser Weinen eher Ärger als Trost zur Folge hatte und unser Unglück nur verschlimmerte? Dass wir unseren Zorn nicht zeigen konnten, wir uns nicht wehren durften, es nicht wagten, Widerworte zu geben? Und dass wir Sprüche zu hören bekamen wie den von den Kindern, »die was wollen, die kriegen was auf die Bollen«? Von den kleinen Bäumchen, die sich noch biegen lassen. Dass wir groß wurden mit Befehlen und Gehorsam und Schuldgefühlen und gar nicht genau wussten, warum und wieso und weshalb? Niemand wächst auf, ohne gekränkt oder enttäuscht worden zu sein. Aber niemals werden wir zugeben, dass unsere Eltern uns nicht geliebt haben. Das tut so weh. Wer will sich das eingestehen?

Und doch sind die meisten von uns nicht sicher, ob ihre Eltern ihre Bedürfnisse erkannten. Ob sie da waren, wenn wir weinten, uns in den Arm nahmen, wenn wir uns ängstigten, und sanft nickten und uns ermutigten, wenn wir uns vergewissern wollten, ob es in Ordnung ist, was wir da gerade machten.

Wer nicht geliebt wurde, überlebt trotzdem. Die Frage ist nur, wie. Wie soll man später Liebe schenken, wenn man keine erfahren hat? Wenn man nicht genau weiß, was das ist und wie das geht? Es sind die ersten Erfahrungen, die uns prägen. In vielen Studien und über lange Jahre haben Wissenschaftler die Liebes-Erfahrung von Menschen untersucht, von klein an bis ins Erwachsenenalter. Und immer stellten die Forscher dabei fest, dass unsere frühen Erfahrungen unsere späteren Einstellungen und Handlungen bestimmen. Wer sich wirklich geliebt fühlt, gibt diese Liebe weiter. Wessen Erwartungen enttäuscht wurden, muss versuchen, irgendetwas anderes im Leben zu finden, das ihm Halt bietet.

Wenn die Kinder klein und niedlich sind, bleibt uns nichts anderes übrig, als sie lieb zu haben. Aber wenn sie dann sprechen und laufen und schreien können und plötzlich eine eigene Meinung haben, wird es schon schwieriger. Dann würden wir gern wissen, mit welchem Handgriff sich unangenehme Situationen lösen lassen. Wir haben oft genug gelesen, dass Kinder uns herausfordern, das ist gut gesagt: Aber nehmen wir diese Herausforderung an? Stellen wir uns, konfrontieren wir, lenken wir nicht ab? Oder verhalten wir uns wie ein Dompteur, der im Käfig einen Löwen zu zähmen hat? Das Tier wird beruhigt und besänftigt und bekommt zu essen. Macht gute Miene zum bösen Spiel. Aber es bekommt nicht, was es wirklich braucht.

Deshalb lohnt es sich, darüber nachzudenken, was es genau bedeutet, wenn wir sagen, dass wir unsere Kinder lieben. Heißt Liebe, ihnen alles zu erlauben, was sie wollen? Heißt Liebe, verfehltes Verhalten nicht zu ahnden? Bedeutet Liebe, sich dafür zu interessieren, was der Sohn den ganzen Tag am Computer macht? Mit welchen Leuten die Tochter unterwegs ist? Ob es den Kindern gut geht mit ihren Lehrern? Heißt Liebe, dass wir unseren Kindern unangenehme Entscheidungen abnehmen? Ihnen keine Enttäuschungen zumuten? Sie nicht mit Konsequenzen konfrontieren, die ihr Handeln auslöst? Bedeutet Liebe, dass wir Eltern bei unseren Kindern zuallererst beliebt sein möchten?

Es mag ja sein, dass es keine einfachen Zeiten sind, Kindern das Leben zu schenken. Eltern erziehen heute unter Bedingungen, die sie aus der eigenen Kindheit nicht kennen. Die Welt, in der wir groß geworden sind, gibt es nicht mehr. Die Städte werden enger, die freien Räume weniger; wer schickt seine Kinder heute noch zum Spielen nach draußen, wenn sie lieber drinnen hocken und sich die Welt mit einem Mausklick auf ihren Bildschirm holen? Die Familien sind auseinandergerissen, kaum einer arbeitet noch dort, wo er groß wurde. Die Anforderungen der Arbeitswelt haben alle Lebensbereiche in Beschlag genommen, alles Streben ist der Arbeit unterworfen. Allein sie scheint Sinn zu stiften, danach kommt erst einmal nichts. Das Leben folgt keiner festen Ordnung, es wird zu einem Flickenteppich. Die Prozesse der Auflösung sind schleichend und die Bewegungen und Verschiebungen schwer zu erkennen und noch schwerer zu beeinflussen. Wir sind mobil, flexibel und in der Lage, theoretisch jederzeit und an fast allen Orten der Welt miteinander in Kontakt zu treten. »Wer heute Nachwuchs bekommt«, sagt der Schweizer Philosoph Dieter Thomä, »liegt quer zur Gesellschaft, in der man äußerlich jung und innerlich flexibel zu sein hat, in der man sein eigenes Fortkommen als Erstes im Blick hat und Pflichten lieber nur auf Zeit eingeht.«

Auch die Bedingungen für das Zusammenleben mit Kindern haben sich grundlegend verändert. Noch vor hundert Jahren gab es relativ wenige Frauen und Männer, die zur Arbeit aus dem Haus gingen. Ein Drittel der Menschen verdiente seinen Lebensunterhalt in der Landwirtschaft. Die Kinder waren dabei, wenn auf dem Feld und im Stall gearbeitet wurde, und Eltern und Kinder lebten am gleichen Ort. Auf den Höfen wohnten verschiedene Generationen unter einem Dach; war die Mutter außer Haus, übernahm Oma die Kinder. Erziehung blieb nicht die alleinige Angelegenheit der Eltern, sie war auch Aufgabe von Verwandten, Freunden und Nachbarn. Onkel Werner und Tante Doris von nebenan nahmen den übermüdeten Eltern ihre kleine Tochter ab, für ein, zwei, drei Nächte. Und die Straßen waren voll mit Kindern. Wer draußen spielen wollte, blieb nicht allein.

Sehr viel früher, das lesen wir in Geschichtsbüchern, lebten die Kinder mit Erwachsenen in Gruppen, über Zehntausende von Jahren ging es so. Für eine Frau war es außerhalb ihrer Vorstellungskraft, ihre Kinder allein großzuziehen. Kinder waren immer Gemeinschaftsaufgabe. So wie die Jagdbeute geteilt wurde und die Kinder dorthin gingen, wo es gerade etwas zu essen gab, halfen sich Eltern und Verwandte untereinander. In relativ ursprünglichen Gesellschaften ist das heute noch so. In afrikanischen Gemeinschaften zum Beispiel werden Neugeborene von bis zu zehn Frauen gleichzeitig betreut, gestillt, gestreichelt, geliebt. Und für die älteren Geschwister ist es selbstverständlich, die Jüngeren zu umsorgen.

Die Kleinfamilie, wie wir sie hier bei uns heute kennen – Vater, Mutter, Kind –, ist erst in den vergangenen zwei Jahrhunderten entstanden. Als der Rückzug ins Private begann. Jetzt aber ist selbst diese kleinste Einheit in

Gefahr. In den Großstädten wachsen sehr viele Kinder nur mit Mutter oder Vater auf. Wer heute heiratet, muss damit rechnen, dass die ewige Treue vielleicht nur ein paar Sommer hält. Jede zweite Ehe scheitert nach drei bis sieben Jahren. Kinder sind zu Pendlern geworden, zu Wanderern zwischen den Welten. Der von Mama. Der von Papa. Und mit dem Auseinanderbrechen der Familien verschwinden auch Omas und Opas, Tanten und Onkel, Neffen und Nichten aus dem Leben der Kinder. Millionen Alleinerziehende müssen Aufgaben bewältigen, die vorher aufgeteilt wurden. Das hat es bisher nur in Zeiten gegeben, als Krieg war und der Vater in die Schlacht ziehen musste. Heute zieht er zu Hause aus.

Die Bereitschaft, für die Familie zu kämpfen, sinkt. Was geblieben ist, wie es immer war, sind die Bedürfnisse unserer Kinder. Die Babys von heute unterscheiden sich nicht wesentlich von ihren Brüdern und Schwestern vor zehntausend oder noch mehr Jahren. Ob sie damals in einer zugigen Höhle zur Welt kamen oder heute im Designer-Bettchen am Daumen lutschen: Ihre Erwartungen und Ängste sind die gleichen. Sie wollen in der Nacht nicht allein sein, sie fürchten die Einsamkeit und die Dunkelheit. Sie brauchen die Gewissheit, dass die Eltern in der Nähe sind.

Um all den Anforderungen gerecht zu werden, müssen Eltern heute Multitasking betreiben. Mütter telefonieren, während sie ihr Kind durch die Gegend schieben, an den Ampeln stehen Väter mit Kindern an der Hand und tippen Kurzmitteilungen in ihr Handy. Wir versuchen, so viel wie möglich gleichzeitig zu erledigen. Denn schneller können wir kaum noch werden, um noch mehr zu schaffen. Der Zwang, alles beschleunigen zu wollen, hat die Kindheit längst erfasst.

Aber unsere Kinder sind keine Uhren, die man aufziehen kann. So schnell sie auch wachsen, so langsam gewöhnen sie sich ans Leben. Sie brauchen niemanden, der Zeit spart. Sie sehnen sich nach Eltern, die Zeit verschwenden. Und bereit sind, mit ihnen einen Schritt nach dem anderen zu gehen. Damit die Reihenfolge stimmt.

Wer liebt, kann nicht einfach so weitermachen, wie er es gewohnt ist. Der müsste sich fragen, wie es anders gehen kann. Aber anders kann es nur dann werden, wenn wir uns selbst verändern. Dazu müssten wir unsere festgefügten Vorstellungen davon, worauf es im Leben ankommt, in Frage stellen. Und wir müssten versuchen, die alten, ausgetretenen Bahnen unserer lieb gewordenen Gewohnheiten zu verlassen. Wenn alle Kinder die Erfahrung machen könnten, dass sie so, wie sie sind, angenommen werden und dazugehören dürfen, dass ihnen etwas zugetraut wird und sie zeigen können, was sie alles schon können, dann würden sie ihre Liebesfähigkeit und das Gefühl tiefer Verbundenheit mit den Menschen, bei denen sie aufwachsen, nicht verlieren.

Aber in unserer Welt machen Kinder früh ganz andere Erfahrungen. Und die tun weh. Erwachsene können gehen, wenn sie mit jemandem zusammenleben sollen, der sie nicht mag oder nur für irgendetwas benutzt. Oder sie können den anderen einfach vor die Tür setzen. Sie müssen auch nicht bei Leuten wohnen, die sich ständig streiten und angiften. Sie können denen auch mal die Meinung sagen. Aber Kinder können das alles nicht. Sie müssen diese ganze Lieblosigkeit, die Ermahnungen und klugen Ratschläge, die unausgesprochenen Erwartungen und beleidigten Reaktionen von Menschen, mit denen sie sich eng verbunden fühlen, aushalten. Das würde kein Erwachsener schaffen, ohne sich bis zur eigenen Unkenntlichkeit zu verbiegen. Aber Kinder schaffen das. Zur Not, indem sie versuchen, sich von denen, die sie bedingungslos lieben, innerlich zu trennen. Dann hören sie nicht mehr zu, wenn Mama oder Papa oder jemand anderes, den sie am liebsten umarmen würden, etwas zu ihnen sagt. Sie antworten nicht mehr. Sie lassen sich auch nicht mehr in die Arme nehmen und wollen nichts mehr gemeinsam mit ihnen machen. Sie ziehen sich zurück oder suchen sich andere, denen sie ihre Zuneigung schenken können. Sie leiden, fühlen sich innerlich zerrissen, werden widerborstig und sind wütend und frustriert.

All diese Erfahrungen verankern sich im Frontalhirn. Sie verdichten sich zu dem, was wir später bei Erwachsenen innere Einstellungen und Haltungen nennen. Kinder, die durch solche ungünstigen Erfahrungen geprägt werden und entsprechende Haltungen entwickelt haben, werden dann als Erwachsene zumindest eines können: eine Welt aushalten und sich in einer Welt zurechtfinden, die lieblos ist. So wie wir.

Wenn die Entdeckerfreude verdorben wird

Deutschland hat ein Problem. Es will mehr für Kinder tun. Aber viele machen da nicht mit. Die Klagen gegen den Bau von Krippen, Kindergärten und Kinderspielplätzen häufen sich. Wo Kinder spielen, fühlen sich Erwachsene belästigt. Mittlerweile wird fast jeder Versuch, Flächen für Kinder zu schaffen, zu einer komplizierten juristischen Angelegenheit. In einer Untersuchung des Bundesverbandes für Freiraumgestaltung in Köln unter Spielplatzplanern in 50 deutschen Großstädten beklagt eine deutliche Mehrheit Konflikte mit Nachbarn wegen möglicher Lärmbelästigung als das größte Problem.

Kinder lernen früh, dass sie im Weg stehen. Nicht erwünscht sind. Wie der kleine Moritz zum Beispiel. Fünf Jahre jung, wache Augen, immer in Bewegung. Wenn man ihn lässt. Wir haben ihn in einem Hamburger Vorort getroffen. Wo viele Familien wohnen, weil es ein wenig ruhiger ist als in der Innenstadt und die Preise eher noch bezahlbar sind. Wenn Moritz groß ist, möchte er Autofahrer werden. So wie seine Mutter. Die bringt ihn jeden Morgen in einem schönen schwarzen Wagen zum Kindergarten. Dort holt Moritz das Bobbycar aus dem Schuppen und übt schon mal. Brüllen. Hupen. Treten. Das bringt Spaß, das macht Krach. Aber jetzt muss er drinnen bleiben. Der Musiklehrer von nebenan hat gesagt, er kann so nicht arbeiten. Er arbeitet gern bei geöffnetem Fenster.

Dass Moritz und seine Freunde beim Spielen auf das angrenzende letzte unverbaute Wiesenstück gerieten, dort, wo sich bei Regen ein kleines Rinnsal mit Wasser füllt und eine knorrige Eiche Schatten spendet, ist mal passiert, kommt aber nicht wieder vor. Der Nachbar von schräg gegenüber schichtet hier Kompost und sagt, er habe ein Nutzungsrecht. Seitdem bleiben die Kinder innerhalb des Zauns. Die Erzieherinnen wollen keinen Streit. Sie haben den Kindern auch gesagt, sie sollten nicht hinter der Rückwand des Kindergartens spielen. Man könnte sich gut verstecken dort, aber die Nachbarn sähen das nicht gern. Sie lieben das gemeinsame Frühstück mit ihren Kindern auf ihrer rosenumrankten Terrasse, es ist wirklich schön hier draußen. Einmal kam die Mutter herüber und erklärte, der Kindergarten würde den Wert ihres Grundstückes mindern. So um die 20 Prozent, das habe ein Makler geschätzt. Bitte nicht falsch verstehen, das sei nicht böse gemeint. Moritz und seine Eltern hatten sich also abgefunden mit der Situation. Arrangiert. Wie das so ist auf engem Raum. Man hatte sich gemeinsam gewöhnt an das leise Dröhnen eines Airbus – die Kinder sagen »Dumbo« dazu –, der regelmäßig, meist am Mittag, den Kindergarten von Moritz überfliegt. An den Lärm der Laubsauger im Herbst und das Surren der Rasenmäher im Frühling. Dies muss in Kauf nehmen, wer hier wohnt.

Doch eines Tages hatten die Erzieherinnen die Geduld der Nachbarn ausgereizt. Sie wollten auf ihrem Grundstück, dort, wo Rasen ist und Johannisbeeren wachsen, ein Häuschen errichten lassen, eine Krippe für 15 Kinder bis zu drei Jahren. Jedes mindestens so laut wie Moritz. Und jedes Kind hat Eltern mit schönen großen Wagen. Anfahrt, Abfahrt, das bringt zusätzlich Unruhe in die Tempo-30-Zone. Das mögen viele Menschen nicht. Kinder ja, aber leise sollen sie sein. Nicht herumschreien. Nicht toben. Keinen Krach machen. Es reichten eine Anwohnerversammlung und das Drohen mit Klage, und der Plan war erst einmal vom Tisch. Und Moritz machte die Erfahrung, dass seine Freude am Entdecken dort endet, wo Erwachsene ihre Ruhe haben wollen. Ihre Claims längst abgesteckt haben und keinem Scharmützel aus dem Weg gehen, um ihre Interessen durchzusetzen.

Moritz soll zum Leisetreter werden, weil die Großen nicht ertragen, dass er sich ein wenig umschauen will. Auf den paar Quadratmetern im und hinter dem Kindergarten, selbst dort, wo Bäume stehen. Nur angucken, nicht anfassen: So lernt der kleine Moritz früh, ein Störenfried zu sein. Er soll die Rente sichern, nicht aber über Zäune klettern. Die große weite Welt entpuppt sich als ein Käfig. Das ist das Bild, das Moritz mitnimmt ins Leben. Wenn er sich bewegt, schreit ein anderer gleich: Stopp! Man könnte ihm auch eine Leine um den Hals legen.

Was Moritz und seine Freunde im Hamburger Vorort erleben, erfahren Deutschlands Kinder jeden Tag. Dass sie Räume erobern wollen, die ihnen nicht offen stehen. Dass sie stören, wenn sie spielen. Dass sie fehl am Platz sind. In den Städten, wo die meisten Kinder wohnen, ist die Nutzung jedes Quadratmeters definiert, jede Fläche hat eine Funktion. Mit dem Bau von Luxuslofts für Singles lässt sich mehr Geld verdienen als mit Gärten für Kinder. So entstehen auch Kindergärten zunehmend dort, wo die Mieten preiswert sind: an Ausfallstraßen. Neben vierspurigen Trassen. Kinder, das ist die Erfahrung, haben in den Städten nichts verloren und nichts zu suchen.

Und so werden Kinder heute schnell zu Bittstellern: In einem Schreiben von »Laura und ihren Freundinnen« an die Kinderbeauftragte der Stadt München heißt es: »Wir schreiben Dir, weil wir in unserem Hof immer geschimpft werden und immer leise sein müssen. Wir dürfen nicht Rad fahren, nicht Inliner und Ballspielen schon gar nicht. PS: Erwachsene sagen immer Ausdrücke. Bloß wir müssen die Klappe halten.«

In Deutschland leben heute sechs Millionen weniger

Kinder als in den 1960er Jahren. In kaum einem anderen europäischen Land kommen weniger Kinder auf die Welt. Man kann lange durch die Städte ziehen, ohne ein Kind zu sehen. Sie sitzen zu Hause oder in einem Auto auf dem Weg zu irgendeiner Aktivität, die vor der Haustür fast nicht mehr möglich ist. »Die Großen«, sagt der kleine Moritz, »schimpfen immer nur. Ich weiß aber nicht, warum.«

Deutschland ist das Altenheim Europas. Das Durchschnittsalter beträgt derzeit 44,2 Jahre, jeder fünfte Deutsche ist über 65. Der Trend wird sich in den nächsten Jahren noch verschärfen, die Bevölkerung bis 2050 um zehn Prozent schrumpfen.

Die Fakten sind hart für Deutschlands Kinder. Sie sind hart für Deutschlands Eltern und sie werden hart für die Zukunft des ganzen Landes. Je weniger Kinder geboren werden und je schneller die Bevölkerung altert, desto stärker werden die Belange der Kinder an den Rand gedrängt. Deutschlands Kinder sind in der Minderheit. Die so oft beklagte demographische Entwicklung gefährdet nicht nur die Finanzierung der künftigen Renten und Pensionen; sie verändert das tägliche Miteinander und das gesellschaftliche Klima. In einer Gesellschaft, in der Kinder wahlweise als Rarität bestaunt oder als Störfall beargwöhnt werden, verläuft Kindheit jenseits aller gelassenen Normalität. Und Eltern wie Kinder fühlen sich bedrohlich allein gelassen.

In England hat jetzt ein erster Ort ein Kinder-Verbot verhängt. In Firhall Village in der Nähe des 11 000-Einwohner-Städtchens Nairn kann nur wohnen, wer älter als 45 Jahre ist und keine Kinder unter 16 Jahren hat. Enkelkinder dürfen ihre Großeltern nur jeweils zwei bis drei Wochen in Folge und höchstens insgesamt drei Monate im Jahr besuchen. Investoren wollen weitere kinderfreie Dörfer errichten, auch in Deutschland, die Nachfrage ist groß. In Europa werben immer mehr Reiseunternehmen mit »Adults-only-Holidays«: einem Urlaub garantiert ohne Kinder. Sie dürfen nicht mal mehr draußen bleiben, sie dürfen erst gar nicht mit. Und in Amerika und Großbritannien fordern Flugreisende »Kid free flights«, weil sie es nicht ertragen, zwischen unruhigen Kindern zu sitzen.

Was wird aus einem Kind, das immer wieder erleben muss, dass es sich nicht frei bewegen kann, dass es immer nur funktionieren und keinen Ärger machen soll? Dem ständig gesagt wird, was es zu tun und zu lassen hat? Nicht nur zu Hause und in der Nachbarschaft, sondern auch im Kindergarten und später in der Schule? Kinder sind von Anfang an neugierig. Sie wollen die Welt entdecken. Vierjährige stellen am Tag 400 Fragen. So lernen sie, worauf es im Leben ankommt, und machen dabei ständig neue Erfahrungen. Und die wichtigsten Erfahrungen für Kinder sind diejenigen, die sie in ihrer Beziehung zu anderen Menschen machen, Beziehungserfahrungen eben. Die werden besonders tief in ihrem Gehirn verankert. Es ist kein Naturgesetz, dass die meisten Kinder, sobald sie ein, zwei Jahre in der Schule sind, ihre angeborene Lust am Lernen verlieren. Das liegt nicht an ihnen und auch nicht an ihrem Gehirn, sondern am Unterricht. Wie soll man neugierig bleiben, wenn man immer nur belehrt wird? Wenn alle Kinder die Erfahrung machen könnten, dass es für sie in der Welt, in die sie hineinwachsen, unendlich viel zu entdecken, zu erforschen, auszuprobieren und zu lernen gibt, würde keines von ihnen seine angeborene Freude am Entdecken verlieren. Kein Kind hört freiwillig damit auf, seine Lebenswelt immer genauer zu erkunden, Fragen zu stellen und noch mehr wissen zu wollen. Aber wenn sich niemand dafür interessiert, was es gerade herauszufinden versucht, kann ihm diese Lust abhandenkommen. Oder wenn die Erwachsenen genervt reagieren, weil sie etwas anderes machen wollen oder eben einfach keine Zeit haben. Oder wenn es dauernd etwas erklärt bekommt, wonach es gar nicht gefragt hat. Oder wenn immer irgendein Besserwisser kommt und ihm sagt, worauf es ankommt, wenn es immer irgendwie belehrt und gefördert werden soll.

Selbst ein Erwachsener hält so etwas nicht lange aus. Der geht oder stellt sich taub. Vielleicht meldet er sich krank oder nimmt ein paar Tage Auszeit. Kinder können das nicht. Sie wollen ihre Eltern nicht enttäuschen und versuchen deshalb, brav zu tun, was verlangt wird. Und in der Grundschule halten sie auch noch tapfer durch, damit die Lehrerin nicht traurig ist und weil da ja sowieso jedes Kind hin muss. Wir haben schließlich Schulpflicht. Kinder lernen nur, wenn die Dinge für sie eine Bedeutung haben. Wichtig sind, nicht für die Lehrer, sondern für die Schüler. Aber danach wird in unseren Schulen nicht gefragt. Dort wird weiter gepaukt und Stoff eingetrichtert.

Was also soll aus Kindern werden, denen die Lust am eigenen Entdecken, die Freude an Fragen und Antworten, am Lernen und am Zuwachs an eigenem Wissen so früh abhandenkommt? Solche Kinder werden so, wie die meisten Erwachsenen unter diesen Bedingungen auch schon geworden sind. Lustlos und desinteressiert an allem, was es auf dieser wunderbaren Welt zu entdecken, zu hinterfragen, zu erforschen und zu erkennen gibt.

Wenn die Gestaltungslust gebremst wird

Es gab mal eine Zeit, da konnte Kindern das Leben langweilig werden. Langeweile, so haben wir es als Kinder selbst erlebt, ist einerseits schwer zu ertragen. Andererseits bringt sie die Gedanken derart in Bewegung, dass manchmal lustige Unternehmungen folgten. Weil Langeweile dazu herausfordert, etwas zu tun, kreativ zu werden, sich selbst etwas einfallen zu lassen.

Computer, Fernsehen und Smartphones machen diese Anstrengung überflüssig: Ein Knopfdruck reicht, und schon ist das Kind beschäftigt. Sich mit Elektronik abzulenken, sofort und immerzu, ist das Erste, was Kindern und Jugendlichen heute in den Sinn kommt. Sie sitzen nicht mehr nur gern vor dem Fernseher, sie sind am liebsten den ganzen Tag auf Sendung. So wird das Leben zur Konferenzschaltung. Wer Kinder hat, schaut ungläubig zu, wie sich die Tochter auf Facebook mit ihrer Freundin unterhält. Ein Klick, und schon sind die »Freunde« da. Ein Klick reicht auch, um sie verschwinden zu lassen. Ex und hopp. Viele Kinder hocken nur noch zu Hause, allein. Dort entspannen sie dann, »chillen«, wie es heute heißt. Die Technik verführt und verstört. Sie belohnt und gebietet, ermüdet und begeistert. Sie macht aus Kindern perfekte Konsumenten.

Computer sind, bei allem Nutzen, zu einer Pest geworden, und viele Eltern stehen fassungslos vor einem Problem, das sie selbst geschaffen haben. Wir ärgern uns; aber wer hat zugelassen, dass diese Dinger Einzug hielten in das Leben unserer Kinder? Wer hat dem Drängen nachgegeben, konnte nicht ertragen, wenn die Kinder erklärten, sie würden nicht mehr dazugehören, wenn sie nicht auf »Facebook« sind? Sich »sozial« organisieren, wie sie meinen, und sich mit »Freunden« austauschen, die sie noch nie gesehen haben? Es wird nicht einmal als seltsam empfunden, wenn Kinder plötzlich 300 »Freunde« haben und im Internet zu Partys laden, zu denen sich Hunderte, wenn nicht Tausende Teens anmelden. Was ist das für ein Leben, wenn es nur noch aus einer Handbewegung besteht? Dem Drücken des Zeigefingers auf eine Taste? Dem Wischen über einen Bildschirm?

Die Zimmer der Kinder sind längst zu Mediamärkten mutiert. Je älter, umso besser sind sie mit Hightech versorgt. Wer heute zu einem Kindergeburtstag einlädt, kann vor allem mit einem Geschenk rechnen: Einkaufsgutscheinen für das Bummeln im Internet, das Herunterladen von Liedern und Filmen. Mehr fällt Kindern und Eltern oft nicht mehr ein. Und wenn es dann erst das »Touchpäd« für die ganz Kleinen gibt, können auch schon Babys einen Computer bedienen. Wenn sie mit ihren Fingern auf den Bildschirm patschen, wird diese Bewegung gleich zu einem Schaltbefehl. Dann muht die Kuh und das Auto hupt, das Schaf macht »Mäh« und der Hund »Wau Wau«. Anstatt mit einer Hand Klötzchen umzuwerfen, reicht das Tippen auf die Tastatur, um virtuelle Türme zu stürzen.

Wer sich bei Youtube einklickt, sieht immer mehr Kleinkinder vor Kleinstcomputern. Und die Erwachsenen staunen, wie gut und schnell sie damit zurechtkommen. In New York gibt es schon eine erste *School for Digital Kids*. Hier können Sechstklässler, längst an Nintendo oder XBox gewöhnt, ihre Fähigkeiten in einen Unterricht einbringen, der sich an der Struktur von Computerspielen orientiert. Neuen Studien zufolge haben bereits fünf Prozent der Sechsjährigen ein sogenanntes Profil im Internet angelegt, mit elf Jahren ist es bereits ein Drittel, mit dreizehn Jahren sind es zwei Drittel. Die Kinder teilen ihr Leben in »on« und »off« und sitzen wie selbstverständlich bis tief in die Nacht vor ihren Kisten, um Kontakt zu halten, zu wem auch immer.

Keine Familie, in der es nicht regelmäßig zum Streit darüber kommt, wann, ob und wie lange der Computer eingeschaltet werden kann. »Soziale Kontakte« pflegen heißt es dann, wenn der Facebook-Account geöffnet und über Stunden Zeit vertan wird. Digitale Technik hat eine Bedeutung erlangt, die einen schwindlig macht. Nicht im Netz zu sein, so das Ergebnis einer britischen Studie über den Umgang mit den digitalen Technologien, empfindet fast die Hälfte aller Befragten als Entzug. Es gibt nicht wenige, die fühlen sich ohne Smartphone, als fehlte ihnen eine Hand.

Wer heute durch die Städte geht, sieht wenig Menschen ohne Handy in der Hand. Einen Knopf im Ohr. Permanent erreichbar zu sein, ist die neue Sehnsucht – auf der Toilette, an der Kreuzung, in der Schlange im Supermarkt. Es piept und bimmelt unentwegt. »Bin grad weg«, »Komm gleich an«, »Steig jetzt aus und melde mich wieder«. Jede Bewegung wird kommentiert, jede Verabredung bestätigt, um gleich wieder verworfen zu werden. Nirgends ist man sicher, nicht in das Privatleben geschäftiger Handytelefonierer hineingezogen zu werden. Kaum sind sie dem Flugzeug, der Bahn, dem Auto entstiegen, verkünden sie Frau oder Firma, wie es nun weitergeht. Es bimmelt und vibriert unentwegt. Und die Kleinen sind ständig dabei und erleben, wie wichtig all das ist – und wie unwichtig sie selbst sind.

Ohne es zu merken, haben wir uns längst daran gewöhnt, von einem System beherrscht zu werden, von dem wir annehmen, dass wir es beherrschen. Wir lassen uns von unseren Computern Befehle diktieren, uns bevormunden, von ihm vorschreiben, welche Satzzeichen wir gebrauchen dürfen oder nicht, bestimmen, ob Fehler erlaubt sind oder nicht. Schon mal darüber nachgedacht, wie oft Geräte uns »erlauben«, etwas zu tun? Je mehr wir uns und unsere Kinder diesem System hingeben, umso mehr liefern wir uns seinen Mechanismen aus. Jeder Klick wird registriert und bewertet. Jedes Signal erlaubt Rückschlüsse auf seinen Nutzer. So ist das System zunehmend darauf programmiert, dem Nutzer nur das zu liefern, was er vermeintlich haben will.

Wir werden durchleuchtet und geprüft, ob wir wollen oder nicht. Und wir werden Mühe haben, uns all dem zu entziehen und uns und unsere Kinder zu schützen. Wir werden uns vertcidigen müssen gegen den Zugriff der Konzerne, die Zumutungen einer Gesellschaft, die nach immer mehr Kontrolle verlangt und Freiheiten, kleine wie große, in atemberaubender Geschwindigkeit aushöhlt. Uns zu Nutzern, nicht aber zu Akteuren macht.

Viele Gespräche, die Eltern heute mit ihren Kindern führen, handeln vom Umgang mit dem Computer. Davon, ob Dreijährige mit Papas Handy spielen dürfen. Ob Siebenjährige in der zweiten Klasse PC-Unterricht brauchen. Wann es Zeit wird für den ersten Laptop. Und wie viele Stunden am Tag wir unseren Kindern vor dem Bildschirm zugestehen. In den Zeitungen werden Experten zitiert, die nach Alter aufschlüsseln, wie lange nun Elf-, Zwölf- und Dreizehnjährige vor diesen Apparaten hocken dürfen. Als sei dies ein elementares Menschenrecht, als kämen Kinder ohne Computer nicht mehr mit ihrem Leben klar. Wenn sich Eltern heute mit der Freizeit ihrer Kinder beschäftigen, rechnen sie wie selbstverständlich eine »Medienzeit« mit ein – ein, zwei Stunden am Tag – und fragen ängstlich herum, ob dies in Ordnung sei. Zu viel. Oder zu wenig.

Wenn Kinder früh lernen, dass sie nicht gestalten, sondern nur konsumieren können, hat das etwas Demütigendes. Kinder wollen von Natur aus Verantwortung übernehmen, einen Beitrag leisten, sich einbringen, hineingezogen werden ins pralle Leben. Sie brauchen Erlebnisse, die echt sind, nicht bereitgestellt. Wir sind mit dem Computer in der Lage, fast jede Bewegung zu simulieren. Und gleichzeitig lesen wir in der Zeitung, dass immer weniger Kinder schwimmen können. Wer zwischen sechs und zwölf Jahren nicht das Schwimmen lernt, hat es später schwer. Doch viele Kinder sitzen in diesem Alter vor irgendeinem Bildschirm. Und tun so, als würden sie sich bewegen. Bekämen Kinder häufiger die Gelegenheit, sinnliche Erfahrungen zu machen, um zu spüren, was sie selbst bewegen, bauen und gestalten können, würde kein Kind seine Freude und seine Lust am eigenen Gestalten und am Mitgestalten seiner Lebenswelt verlieren. Und weniger Kinder würden ihre Lust am Gestalten in der virtuellen Welt befriedigen.

Dazu aber müssten Kinder und Jugendliche die Erfahrung machen, dass sie im echten Leben wirklich gebraucht werden. Dass es auf sie ankommt. Auf ihre Kreativität bei der Suche nach neuen Lösungen, auf ihren persönlichen Einsatz bei der Umsetzung guter Ideen, auf ihre Mitwirkung im Alltag. Aber wie soll ein Kind all diese wichtigen Erfahrungen machen, wenn ihm immer nur gesagt wird, was es als Nächstes zu tun hat? Wenn Eltern und Lehrer so tun, als seien ein bisschen Mithilfe im Haushalt oder die Erledigung von Hausaufgaben eine Aufgabe, an der sie wachsen können? So jedenfalls entwickeln sie nicht das Gefühl von Bedeutung und Selbstwirksamkeit.

Erwachsene werden krank, wenn man sie in Situationen bringt, in denen sie nichts mehr selbst gestalten können, wenn sie nur noch wie ein Rädchen in einem Getriebe funktionieren sollen. Weil das keiner aushält, sucht sich jeder, der so instrumentalisiert wird, einen Freiraum. Um das Gefühl zu haben, zumindest dann etwas nach seinen eigenen Vorstellungen gestalten zu können.

Das geht Kindern und Jugendlichen nicht anders. Nur sind die Freiräume, die sie sich heute suchen, nicht mehr die gleichen wie die ihrer Eltern und Großeltern. Beim Werkeln im eigenen Garten, beim Bau eines Hauses, der Arbeit im Sportverein oder bei der freiwilligen Feuerwehr konnten Jugendliche und Erwachsene sinnstiftende Erfahrungen sammeln und sich wertvolle Kompetenzen aneignen. Das ist in den heutigen Rückzugsgebieten der eigenen Gestaltungslust anders. Die Kompetenzen, die Kinder und Jugendliche bei ihrer intensiven Beschäftigung mit den modernen Medien erwerben, führen zwar dazu, dass sie all das, was diese Medien ihnen an Möglichkeiten bieten, immer besser beherrschen. Aber wie man einen Nagel in die Wand schlägt, einen Garten anlegt oder ein Zelt aufbaut oder wie man mit Menschen zurechtkommt, die eine andere Meinung haben: Das lernt man nicht am Computer.

Wenn das Vertrauen missbraucht wird

Es ist abenteuerlich: Obwohl immer mehr Wissenschaftler feststellen, wie Entwicklung gelingen kann, wie Bindung entsteht und ein sicheres Großwerden möglich wird, breitet sich eine diffuse Angst aus und ein Misstrauen, dass unsere Kinder womöglich nicht in der Lage sein werden, die Zukunft zu meistern. Dabei sollten wir uns lieber Sorgen darüber machen, dass wir unseren Kindern nicht mehr vertrauen. Wir trauen ihnen nicht zu, dass sie in der Lage sind, die richtigen Schritte in der richtigen Reihenfolge zu tun.

Kindern müssen zuallererst in einem gut sein: im Wachsen. Das können sie, von klein an. Noch vor der Geburt ist ein Baby im Bauch der Mutter in unbeschreiblichem Tempo größer geworden. Allein in den ersten Wochen hat es um das 27 500-Fache seiner Ursprungsgröße zugelegt, in den Wochen darauf bewegt sich sein Wachstum noch im hundertstelligen Bereich. Würden wir nach dem ersten Jahr im gleichen Tempo weiterwachsen, das hat der holländische Biologe Midas

Dekkers einmal auszurechnen versucht, wären wir mit 18 Jahren 750 Meter groß und schwer wie ein Wolkenkratzer. Über ein Jahr dauert es, bis die Welt von oben betrachtet werden kann und die ersten Versuche gelingen, sich aufzurichten. All das tun Kinder von selbst, es ist in ihrem Interesse, sie brauchen keine Hilfe und sind ziemlich stolz darauf, es allein geschafft zu haben. Sie wollen nicht mehr kriechen und sich nach unten orientieren: Nach oben geht der Blick, wir können etwas auf die Beine stellen: uns selbst.

In Zeiten wie heute, wo wir kaum Worte finden für die raschen Veränderungen, die wir durchleben, wollen wir von den eigenen Kindern nicht allzu sehr überrascht werden. So machen sich immer mehr werdende Eltern einen Plan, wie ihr Kind sein soll. Möglichst pflegeleicht, möglichst früh auf eigenen Beinen stehen, möglichst wenig das Leben von Mama und Papa verändern. Der Wunschzettel der Eltern ist lang und die Möglichkeiten, sich bereits vor der Geburt auszurechnen, wer da auf einen zukommt, haben sich inzwischen dramatisch erweitert. Niederländische Ärzte entwickelten einen Bluttest, der bereits in der achten Schwangerschaftswoche Antwort auf die Frage gibt, ob das Kind ein Junge oder ein Mädchen wird. Weltweit wollen immer mehr Eltern das Geschlecht ihres Kindes selbst bestimmen. In Amerika, Israel und Belgien dürfen Eltern bei einer künstlichen Befruchtung das Geschlecht wählen.

Welche Konsequenzen aber das medizinisch Machbare hat, zeigt sich in Ländern wie Indien oder China. Dort führt die vorgeburtliche Geschlechtsbestimmung zur gezielten Abtreibung weiblicher Föten. Weil Mädchen in diesen patriarchalischen Gesellschaften immer noch geringer geschätzt werden als Jungen, steht für viele Eltern mit dem ersten Ultraschall fest, werdendes Leben zu töten. Nach Schätzungen internationaler Mediziner werden auf diese Weise jährlich eine halbe Million Mädchen umgebracht, bevor sie auf die Welt kommen.

Der Wunsch nach dem perfekten Kind verbietet jede Überraschung. Vor nicht mal einer Generation galt ein Kind als Geschenk. Eltern freuten sich, wenn es klappte, und es würde schon gut werden. Heute leben viele in dem Glauben, dass Kinder jederzeit geboren werden können; längst präsentieren sich Rentnerinnen als Erstgebärende, Mütter über 60. Die Reproduktionsmedizin macht fast nichts unmöglich. Frauenärzte schicken Schwangere zu Untersuchungen, um »Fehlbildungen« auszuschließen. Die Frage, ob das Leben auch mit einem behinderten Kind lebenswert sein kann, wird gar nicht erst gestellt.

Zudem haben Frauen und Männer heute eine genaue Vorstellung davon, wie und wann sie ein Kind auf die Welt bringen wollen. Sie warten auf den perfekten Zeitpunkt, das Geburtsdatum wollen sie vorab im Terminkalender eintragen. Der Kaiserschnitt macht's möglich.

Nur keine Überraschungen, die vorher nicht einkalkuliert waren. Doch dann folgt eine Überraschung auf die nächste: Erstaunt stellen junge Eltern fest, dass sie plötzlich ein eigenes Wesen in den Armen halten, einen neuen Menschen von weither, über den sie nicht so einfach bestimmen können. Mit dem sie nicht tun können, was sie sich vielleicht vorher überlegt haben. Ein Geschöpf, mit dem sie sich erst vertraut machen müssen, für das sie Zeit brauchen, es zu beobachten und seine Gesten zu lesen. Und wir fragen uns, was in dem kleinen Menschen vorgeht, der da strampelnd vor uns liegt. Uns hilflos ausgeliefert ist und unser Leben auf den Kopf stellt. Das Leben, von dem wir meinten, es im Griff zu haben. Plötzlich ist da ein kleiner Mensch, der bestimmt, was zu tun und was zu lassen ist. Dem wir vertrauen müssten, auf dessen Signale wir hören müssten.

Doch immer weniger Eltern kommen damit zurecht, wie Studien zeigen. Die Bindungsforscherin Lieselotte Ahnert, Professorin am Institut für Entwicklungspsychologie der Wiener Universität, untersucht seit über 30 Jahren, wie sich die Bindung zwischen Eltern und Kind nach der Geburt entwickelt. Sie hat herausgefunden, dass sich Kinder heute eher nach den Bedürfnissen der Eltern richten, als dass Eltern auf die Bedürfnisse der Kinder achten und darauf vertrauen, dass die Kleinen wissen und zum Ausdruck bringen, was sie brauchen.

Kinder sollen keine Mühe machen und sich so gut

wie möglich dem Leben ihrer Eltern anpassen. Damit sie so schnell wie möglich selbstständig werden und nicht allzu viel Aufmerksamkeit für sich beanspruchen. So lernen Kinder früh, ihre Eltern nicht zu sehr mit ihren Gefühlen zu behelligen, mit Wut und Schmerz. Sie versuchen, mit Ängsten und Sorgen eher allein zurechtzukommen. Dabei entsteht, was Bindungsforscher als »distanziertes Beziehungsmuster« bezeichnen: die Angst vor Nähe und Ablehnung und die Furcht, mit seinen Sorgen nicht ernst genommen zu werden.

In Deutschland zählen Wissenschaftler jedes zweite Kind zum »unsicher vermeidenden« Bindungstyp. Das sind Kinder, die von ihren Eltern nicht ermutigt wurden, auf ihre eigenen Bedürfnisse zu achten, sich Hilfe zu organisieren oder sich trösten zu lassen. Bindungsforscher führen auch die enorme Zunahme psychischer Erkrankungen auf unsichere Bindung in der Kindheit zurück. Solche Kinder müssen später nicht unbedingt Probleme bekommen. Solange alles glatt läuft im Leben und sie keine Krisen zu meistern haben. Wer seine Gefühle nicht zeigt und meint, alles mit sich allein ausmachen zu können, gilt bei uns als souverän und cool wie ein Manager, der alles im Griff hat. Aber wehe, wenn da ein Bruch ist. Oder traumatische Ereignisse verarbeitet werden müssen. Dann versuchen solche Menschen, mit ihren Sorgen allein klarzukommen: fressen sie in sich hinein, trinken zu viel, bekommen Bluthochdruck.

Wer als Kind wenig Wärme erfahren hat oder emotional vernachlässigt wurde, bleibt sein Leben lang anfällig für psychische Leiden und körperliche Erkrankungen.

Das Geheimnis starker Kinder und die sogenannte Resilienz, die Widerstandskraft gegenüber Störungen, wurde wissenschaftlich erstmals in den 1950er Jahren untersucht, in einer über Jahrzehnte angelegten Langzeitstudie mit Kindern auf der hawaiianischen Insel Kauai. Die Wissenschaftler beobachteten über 30 Jahre lang alle 1955 geborenen Einwohner. Ihre Lebensbedingungen waren damals häufig nicht gut: Armut prägte den Alltag, die Ehe der Eltern war zerrüttet, die Väter tranken und schlugen ihre Kinder. Trotz der schlechten Ausgangslage wurde aus jedem dritten Kind ein leistungsstarker und fürsorglicher Erwachsener. Weil es erlebt hatte, wie liebevoll sich mindestens eine andere Bezugsperson als Vater oder Mutter gekümmert hatte. Geborgenheit schenkte und Vertrauen. Die Furcht nahm, von Sorgen zu berichten, und Mut machte, mit Enttäuschungen umzugehen. Eine Tante, ein Lehrer, ein Nachbar können so im besten Fall das Versagen von Eltern wettmachen.

Vor allem in den ersten zwölf Monaten nach der Geburt bemühen sich die meisten Eltern noch, mit der Entwicklung ihres Kindes Schritt zu halten. Sie wollen wissen, warum es wie reagiert, sie versuchen, seine Gesten zu entschlüsseln und seine Handlungen zu deuten.

Sie sind neugierig auf die Reaktionen ihres Kindes und wollen es wirklich kennenlernen. Später dann verlieren viele Eltern allerdings das Interesse, und das Verhalten der Kinder wird immer mehr beurteilt, eingeordnet, katalogisiert. Gib acht, tu dir nicht weh, pass auf, zieh dir die Jacke an, setz die Mütze auf … Wie soll ein Kind, dem alles gesagt wird, selbst Verantwortung für sich übernehmen?

Erlauben wir den Kindern noch, sich dreckig zu machen oder in der Pfütze herumzutrampeln, ohne den Hinweis zu geben, sie würden sich die Hose nass machen? Wie sollen Kinder sich selbst ausprobieren, wo heute jeder Spielplatz umzingelt ist von Müttern und Vätern, die jede Regung registrieren und ihre Lieblinge fürsorglich belagern? So wie es die Berliner Autorin Ulrike Draesner beschreibt: »Man konnte im Gefängnis stecken, in einer psychiatrischen Anstalt mit Gittern vorm Fenster und Chemie im Hirn oder in einem der Regierungsgebäude, umgeben von Leibwächtern, Panzerglas und fünffachem Ganzkörper-Scannerschutz, nichts wäre so sicher wie ein von Müttern bewachter Spielplatz zu Beginn des neuen Jahrtausends in Berlin.«

Die Möglichkeiten von Kindern, ohne Aufsicht zu spielen, haben sich in den vergangenen Jahren dramatisch verringert. Höhen erklimmen, Geschwindigkeiten einschätzen lernen, den Umgang mit Feuer und Wasser oder Steinen: Nur noch wenige Kinder kommen in den Genuss, an diesen Herausforderungen zu wachsen.

Sind nicht alle Räume längst erobert, besetzt, in Beschlag genommen? Mischen wir uns nicht ständig ein in das Spiel der Kleinen, aus Sorge, sie könnten allein nicht zurechtkommen? Ermahnen wir nicht mehr, als zu ermuntern? Geben wir nicht dauernd Antworten auf Fragen, die nie gestellt wurden?

Wie soll ein Kind lernen, sich selbst zu vertrauen, wenn es ständig bewertet wird?

Dahinter steht die Angst der Eltern davor, dass ihr Kind später nicht mithalten kann. Das bewies auch die fast hysterische Debatte um das Buch der chinesischen Yale-Professorin Amy Chua. Sie beschreibt in »Schlachtgesang der Tigermutter« – so heißt ihr Werk im Original –, wie sie ihre Kinder auf den Kampf der Kulturen vorbereitet. Sie durften nie bei Freunden übernachten, mussten stundenlang Klavier und Geige üben und durften nicht spielen, wenn sie das Bedürfnis danach hatten. Die Erziehung des Westens brächte Verlierer, die Erziehung des Ostens Gewinner hervor. Menschen, die sich durchsetzen können, in Zeiten, die kalt zu werden drohen. Nur wer früh Härte spüre, könne später bestehen.

Bei uns wird das Buch zwar als *Mutter des Erfolgs* verkauft, aber die Kampfansage hat Deutschland längst erreicht. In den Städten tobt ein Wettbewerb um die beste Förderung, so früh wie möglich. Der neueste Schrei ist das Angebot, Kindern die Gebärdensprache beizubringen, bevor sie überhaupt sprechen können. In Zeichen und Signalen sollen sich die Kleinen verständlich machen, damit Mama und Papa verstehen. Sie wollen die Pole Position, damit ihr Kind durchstarten kann. Der Turbo wird gleich nach dem Kreißsaal eingelegt, wenn es um die besten Kindergärten und die effektivsten Lehrer noch vor der Schule geht, wenn die Kleinen Sprachen und Mathe lernen und ihr Dasein nicht mit versonnenem Spiel im Sandkasten fristen sollen. Dann folgen, am besten, die bilinguale Schule und im Schnelldurchlauf noch ein paar Jahre bis zum Abitur.

Schon vor fast 20 Jahren hatten die deutschen Finanzminister ihren Kulturministern empfohlen, den Kindern ein Jahr Schule wegzunehmen. Je früher weg von der Tafel, umso schneller bereit für den Arbeitsmarkt, umso mehr Steuern würden eingenommen werden. Ein Gymnasiast, so rechnen Experten, kostet den Steuerzahler 5000 Euro im Jahr. Eine Klasse spart in einem Jahr weniger Schulzeit knapp 150 000 Euro, so kann man es sehen. Dafür muss Wissen schneller eingetrichtert werden, in 39, 40 Stunden pro Woche. Wären Schüler gewerkschaftlich organisiert, die Schulen würden dauerbestreikt.

Unser Begriff vom Lernen wird vor allem in der Schule geprägt. Von Lehrern, die verlangen, dass wir in einer

Zeit, die sie oder ihre Vorgesetzten in Ministerien vorgeben, Ergebnisse liefern. Resultate. Es wird nicht geprüft, ob wir verstanden haben, dafür fehlt oft die Zeit. Es wird verlangt, dass wir die uns eigene Lerngeschwindigkeit und damit unser Wesen nicht ernst nehmen: Wir haben uns in das zu fügen, was andere vorgeben. Fehler, die wir machen, führen nicht dazu, so lange zu üben, bis man vielleicht die richtige Lösung präsentiert. Fehler führen dazu, dass wir hoffnungslos in Rückstand geraten, weil andere schneller sind und nicht warten wollen oder können. So vergeht die Lust am Lernen. Der Zwang zur Leistung verleidet diese Urlust, mit der wir alle auf die Welt gekommen sind.

Doch wir lernen nur, wenn wir einen Sinn darin sehen, uns neues Wissen anzueignen. Wer den Hafen nicht kennt, für den ist kein Wind der richtige, sagte vor 2000 Jahren schon Seneca, der schlaue Römer. Nicht für die Schule, für das Leben lernen wir. Dieser Satz unserer Lehrer von früher stimmt bis heute. Was aber in Vergessenheit gerät, ist das Verstehen, das Aha-Erlebnis, das wunderbare Gefühl, sich ein Stück der Welt erschlossen zu haben. Mit eigenen Gedanken begriffen zu haben, was andere vor mir gemeint haben könnten.

Jedes Jahr investieren Eltern mehr Geld in Nachhilfe, sie ist längst zum Milliardenmarkt geworden. Ein Viertel der Gymnasiasten klagt über Kopfweh, viele Kinder gehen mit Bauchschmerzen in die Schule. Die Krankheiten der Erwachsenen sind längst auch zu Krankheiten der Kinder geworden, die Zahl der Krankenhauseinweisungen wegen psychischer Störungen ist nach Angaben des nordrhein-westfälischen Landesinstituts für Gesundheit und Arbeit von 2000 bis 2008 im Vergleich zu Erwachsenen fast um das Doppelte gestiegen. Gaben Eltern ihren Kindern früher zur Konzentrationssteigerung Traubenzucker, packen sie heute fürs Gehirndoping Medikamente ein.

Wenn alle Kinder die Erfahrung machen könnten, dass ihnen nicht nur vertraut, sondern dass ihnen auch etwas zugetraut wird, würde kein Kind das Gefühl entwickeln, dass es nicht wert ist, geliebt zu werden. Es zu dumm und zu unbegabt ist, sich anzueignen, was es braucht, um sich im Leben zurechtzufinden. Es würde weder sein angeborenes Vertrauen in sich selbst noch das sichere Gefühl verlieren, dass die ihm wichtigen Bezugspersonen da sind und ihm helfen, wenn es allein ist und Hilfe braucht. Es hätte keinen Grund, an sich selbst und an der Zuverlässigkeit dieser anderen Personen zu zweifeln.

Das in jedem Kind angelegte Urvertrauen ist wie eine zarte Pflanze. Es kann wachsen und stark werden, wenn es genährt wird. Und es verkümmert, wenn niemand es richtig pflegt. Bis ins hohe Alter bleibt Vertrauen die wichtigste Ressource zur Bewältigung von Verunsicherung und Angst. Vertrauen entsteht in unterschiedlicher Weise. Zuerst als Vertrauen in die eigenen Kompetenzen. Dazu müssten Kinder, Jugendliche und Erwachsene aber genügend Gelegenheit bekommen, selbstständig Herausforderungen zu meistern, Probleme zu lösen und Auswege aus schwierigen Situationen zu finden.

Vertrauen entsteht auch dann, wenn man einen Menschen findet, der hilft, eine schwierige Situation gemeinsam zu bewältigen. Und schließlich wäre es gut, wenn jeder Mensch die Gelegenheit bekäme, eine dritte Art von Vertrauen zu bilden. Vertrauen, dass es etwas gibt, was ihn in dieser Welt hält und trägt. Der Glaube daran, aufgehoben zu sein. Daran, dass die Dinge gut werden. Wenn diese Erfahrung nicht von Anfang gemacht und als feste Überzeugung im Frontalhirn verankert werden kann, ist ein Kind Problemen und Ängsten hilflos ausgeliefert.

Deshalb sind die Zerstörung des kindlichen Urvertrauens und Angstmacherei das Schlimmste, was man Kindern antun kann. Angst zwingt Kinder wie Erwachsene zum Rückgriff auf bisher erfolgreich eingesetzte Bewältigungsstrategien. Die Psychologen nennen das Regression. Angst macht nicht nur krank. Angst verhindert auch jede Weiterentwicklung. Angst ist, was immer mehr Menschen umtreibt. Die Experten der Weltgesundheitsorganisation gehen davon aus, dass es in den nächsten Jahren eine dramatische Zunahme angstbedingter Erkrankungen geben wird. Wir könnten diese Entwicklung aufhalten und unsere Kinder davor schützen. Wenn wir dafür sorgten, dass ihnen nicht immer wieder das Vertrauen geraubt wird: das Vertrauen in sich und die Welt.

Wenn der Eigensinn gebrochen wird

Tu das nicht, mach dies nicht, lass das sein: Der beste Wille und die ernsthafteste Bemühung eines Kindes gelten dann nicht mehr, wenn wir Erwachsene der Meinung sind, dass es jetzt auf dieses oder jenes ankommt. So früh und so schnell wie möglich soll es losgehen mit dem vorgeschriebenen Lernen, nichts versteht sich mehr von selbst. Aus der Wahl von Krippe, Kindergarten und Schule ist eine Wissenschaft für sich geworden. Staatliche »Bildungspläne« gibt es mittlerweile für »Kinder von 0 bis 10 Jahren«. Was ein Kind wann können sollte, ist festgelegt, bevor es überhaupt auf der Welt ist. Es soll seine Ressourcen richtig nutzen, Risiken erfolgreich bewältigen, sich von traumatischen Ereignissen schnell erholen und mit Stress gut umgehen können. So haben es deutsche Bildungspolitiker formuliert. Die je nach Bundesland 16 bis 480 Seiten langen Anleitungen fürs optimale Lernkind sind im Internet herunterzuladen und lesen sich wie Stellenausschreibungen.

Die Wunschliste, was Kinder alles können sollen, ist lang. Junge Eltern zum Beispiel wünschen sich von ihrem Kind am meisten, dass es schnell einschläft. Ohne Rücksicht darauf, ob es wirklich müde ist oder in Wahrheit übermütig und neugierig, weil es so viel zu entdecken gibt. Und es vielleicht noch ein wenig Zeit braucht, die Ereignisse des Tages mit offenen Augen zu verarbeiten. Es gibt kaum ein Thema, welches in Erziehungsbüchern so viel Raum einnimmt wie das von den Kindern, die endlich schlafen lernen sollen. Wie lange darf ein Kind schreien? Sollte man die Minuten zählen? Wann muss ich es auf den Arm nehmen?

Die Botschaft ist: Verwöhnt eure Kinder nicht zu sehr. Lasst euch von ihnen nicht den Rhythmus diktieren. Setzt euch durch. Setzt auf Disziplin, die kann man nicht früh genug lernen. Wie grausam, denn das Gegenteil ist richtig. Am Anfang kann man Kinder gar nicht genug verwöhnen, damit sie groß und stark genug werden, um irgendwann das Leben selbst zu meistern. Wir müssten doch alle wissen, dass man Kindern mit Disziplinierungsmaßnahmen, mit Bestrafungen und Belohnungen keine Disziplin beibringen kann, sondern lediglich Gehorsam. Den aber brauchen wir in Deutschland nicht noch einmal.

Es scheint, als befänden sich manche Eltern in einem Stellungskrieg: Man beobachtet sich gegenseitig, erobert Terrain und gibt wieder Land ab. Arbeitet sich ab an Fragen, die niemand beantworten kann: Wie viel Eltern braucht ein Kind? Wie viel Schlaf? Was soll ich tun, wenn es zu lebendig ist? Kann man was machen, wenn der Wille zu stark wird? Das Kind nervt und die Erziehung zu einem Laster wird? Wir wünschen uns eigensinnige Kinder und halten sie oft nicht aus.

Doch der Eigensinn eines Kindes ist Ausdruck seiner bis dahin bereits gewonnenen Unabhängigkeit des eigenen Denkens, Fühlens und Handelns. Zwar müssen Kinder lernen, sich anzupassen und die Regeln des sozialen Zusammenlebens einzuhalten, doch ihre autonomen Regungen, ihre eigenen Gedanken und ihren eigenen Willen sollten sie dabei nicht unterdrücken. Wie soll ein Kind zu einer selbstbestimmten und selbstbewussten Persönlichkeit heranreifen, das im Wesentlichen immer nur erfahren hat, dass es das Beste ist, sich anzupassen? Nur das zu sagen, was die anderen denken, und nur das zu tun, was alle anderen für richtig und wichtig halten? Zu Hause mag das noch gehen, dort macht es das der Mama oder dem Papa zuliebe. Aber im Kindergarten und erst recht in der Schule werden solche Kinder, die es allen anderen immer recht machen wollen, zu angepassten Persönlichkeiten und Langweilern. Und davon gibt es ohnehin schon mehr als genug.

Ein Kind, das zu Hause nicht zu sagen wagt, was es denkt, und nur das tut, was Mama und Papa richtig finden, hat Angst, seine Eltern zu verlieren. Ihm fehlt das

Vertrauen, dass es so angenommen und geliebt wird, wie es ist. Und genauso, wie es bereit ist, seinen eigenen Willen und seine eigenen Gedanken zu unterdrücken, um dazugehören zu dürfen, wird es sich später auch im Kindergarten und in der Schule abhängig von den Meinungen und Bewertungen der anderen machen.

»Was heißt denn Eigensinn«, hat Hermann Hesse gefragt. »Das, was einen eigenen Sinn hat. Einen eigenen Sinn nun hat jedes Ding auf Erden. Selbst jede Pflanze wächst, lebt, tut und fühlt lediglich nach ihrem eigenen Sinn, und darauf beruht, dass die Welt gut, reich und schön ist.« Nur zwei »arme, verfluchte Wesen auf Erden« gebe es, denen es nicht vergönnt sei, zu leben und zu sterben, wie es ihnen der tief eingeborene eigene Sinn befehle. »Einzig der Mensch und das von ihm gezähmte Haustier sind dazu verurteilt, nicht der Stimme des Lebens und Wachstums zu folgen, sondern irgendwelchen Gesetzen, die von Menschen aufgestellt sind und die immer von Zeit zu Zeit wieder von Menschen gebrochen und geändert werden.«

Nicht allen Eltern gelingt es, ihrem Kind das Gefühl zu vermitteln, einzigartig zu sein. Manchen fehlt die Zeit, sich auf ihr Kind einzulassen; sie stehen selbst unter Druck und möchten, dass es das macht, was sie ihm sagen. Sie erwarten Anpassung, nicht Eigensinn. Starke Kinder reagieren darauf mit Widerstand, mit Trotz und Verweigerung. Das macht viele Eltern hilflos. Sie versuchen, ihre Vorstellungen mit noch mehr Druck durchzusetzen. Irgendwann gibt das Kind auf, seinen Willen zum Ausdruck zu bringen. Es ist frustriert und versucht, seinen Frust an anderer Stelle loszuwerden, indem es womöglich Schwächere drangsaliert.

Wenn jedes Kind die Erfahrung machen könnte, einzigartig zu sein, und so geliebt werden würde, wie es ist, würde sich die Kindheit nicht zu einem Wettbewerb auswachsen, wer denn nun der Beste ist. Jedes Kind wäre mit sich selbst zufrieden, würde mit Freude an der Weiterentwicklung seiner Fähigkeiten arbeiten, nach Lust und Laune lernen und sich mit allem, was es weiß und kann, in die Gemeinschaft einbringen, in der es aufwächst. Es wäre froh darüber, sich selbst mit all seinen Möglichkeiten Schritt für Schritt immer besser zu entfalten und seine schon entwickelten Fähigkeiten in unterschiedlichsten Situationen zu erproben und weiter zu vervollkommnen. Und seine eigenen Vorstellungen entwickeln.

Es werden nämlich immer die Eigensinnigen sein, die uns in Erinnerung bleiben. Menschen mit einer eigenen Meinung, Menschen mit einer eigenen Ordnung, Menschen, die sich an dem orientieren, was sie für richtig und falsch halten. Die sich von klein an diesen Eigensinn auch nicht haben austreiben lassen.

Allerdings stellen sie uns mit ihrer Unangepasstheit in Frage, und wahrscheinlich haben wir deshalb sogar

Angst vor diesen eigensinnigen Köpfen. Sie halten uns einen Spiegel vor, in dem wir schemenhaft erkennen können, was aus uns hätte werden können, wenn wir unseren Eigensinn nicht verloren hätten.

Wenn das Mitgefühl unterdrückt wird

Der technische Fortschritt, die digitale Revolution und der soziale Wandel lassen immer mehr Menschen ratlos zurück. Sieben von zehn Arbeitnehmern fühlen sich in ihrem Job nicht wohl. Für Soziologen hat sich vor allem der Narzissmus zu einem gesellschaftlichen Phänomen entwickelt. Die Selbstbezogenheit nimmt zu. Wir erleben Politiker auf dem Ego-Trip und Banker, die sich ungeniert die Taschen vollstopfen. Die Medien sind ohne Pause auf der Suche nach Superlativen. Super-Sängern, Super-Tänzern, Super-Talenten: Spieglein, Spieglein an der Wand, wer ist der Tollste in diesem Land? Es geht darum, für sich das Beste aus allem herauszuholen und mitzunehmen, was man kriegen kann.

Wir können uns dieser Bilder nicht mehr erwehren. Wo wir gehen, wo wir stehen, hängen Apparate, die unseren Blick auf sich ziehen. Wir können gar nicht anders, als hinzuschauen, wenn wieder irgendein Produkt beworben oder eine Nachricht unters Volk gebracht werden soll. Es gibt so gut wie keine werbefreien Räume mehr. Bilder verfolgen uns auf Schritt und Tritt, auf der Straße und im Bahnhof, beim Warten in der Abflughalle oder vor der Einkaufskasse. Wir haben keine Zeit, sie zu begreifen, denn an der nächsten Ecke lauern neue. Uns bleibt nichts anderes übrig, als die Bilder zu verdrängen, so gut es geht.

Wir sind dem Terror eines »Aufmerksamkeitsregimes« ausgeliefert, wie der Leipziger Philosoph Christoph Türcke sagt. Einer dauererregten Gesellschaft, die uns Sensationen nur noch um die Ohren haut. In der wir kaum einen Gedanken fassen, der nicht gleich vom nächsten überholt wird. Die heutige Generation hat dreimal so viel Informationen zu verarbeiten wie die Menschen vor 30 Jahren.

Wir können uns gar nicht mehr um alles kümmern. Wir können uns gar nicht mehr für alles interessieren. Und noch schwerer fällt es uns, das Dringende vom Notwendigen zu unterscheiden. Wer den ganzen Tag mit Eindrücken bombardiert wird, schaltet irgendwann ab. Wenn er dazu überhaupt noch in der Lage ist.

Auf der Strecke bleibt unser Mitgefühl. Die Fähigkeit zur Empathie lässt dramatisch nach. Das haben Psychologen der amerikanischen University of Michigan in einem Untersuchungszeitraum von 1979 bis 2009 wissenschaftlich nachgewiesen. Die Bereitschaft, einen anderen Menschen verstehen und ihm helfen zu wollen, habe sich halbiert, und der Wille, sich zu nehmen, was jedem seiner Meinung nach zusteht, sei entsprechend gewachsen.

Psychologen erklären das mangelnde Mitgefühl vor allem mit der Bilderflut: zu viel gesehen. Zu viel im Kopf, was da nicht hineingehört. Zu wenig Zeit, die vielen Eindrücke zu sortieren. Und am Ende zu entscheiden, nur auf das zu achten, was einen selbst angeht. Wie soll sich jemand, der sich nicht um sich selbst kümmern kann, um andere kümmern? Mitgefühl macht Mühe. Es kostet Zeit. Auseinandersetzung. Wir sind täglich damit beschäftigt, Regungen des Mitgefühls zu unterdrücken. Was ist schön daran, am Unglück anderer Anteil zu nehmen? Es begegnet uns an jeder Ecke. Behinderte im Rollstuhl. Der Blinde mit seinem Hund. Das Fernsehen bietet täglich eine Auswahl, welche schlechten Nachrichten zuerst unser Herz rühren könnten. Hunger in Afrika? Hurrikans in der Karibik? Atomkatastrophen, Amokläufe, Autounfälle: Schnell schalten wir weiter, ehe uns bewusst werden kann, wie verletzlich wir selbst sind. Daran wollen wir so wenig wie möglich erinnert werden. Mitgefühl kann scheußlich sein. Es belastet und tut weh. Wir alle entwickeln Strategien, um uns das Mitgefühl abzugewöhnen.

Wir erleben in der Schule, an der Universität und in der Wirtschaft, dass die Stärkeren die Spielregeln bestimmen. Es darauf ankommt, sich durchzusetzen, um jeden Preis. Das Fernsehen bestimmt unsere Wahrnehmung von dem, wie Leben zu sein hat. Immer besser sollen wir werden, immer schön sollen wir sein, schlanker, glücklicher, perfekter. In den sogenannten Talentshows geht es nicht darum, die Fähigkeit zu fördern, Beziehungen zu anderen Menschen zu bilden und zu pflegen. Es geht darum, andere klein zu halten, den Gegner auszuschalten, sich selbst am besten in Szene zu setzen. Das Gegeneinander zu üben und nicht das Miteinander zu pflegen.

Kinder aber sind wahre Meister des Mitgefühls. Sie ahnen, wie es dem anderen geht, sie lassen Schmerz zu, sie sehnen sich nach Berührung und wollen den anderen berühren. Sie haben ein sehr feines Gespür für Schwingungen. Sie beobachten genau. Sie bekommen mit, was den anderen bewegt, wie er sich fühlt, was los ist. Sie merken sehr genau, was ihrer Mutter und ihrem Vater wichtig ist, worüber sie sich begeistern, was sie bedrückt und bekümmert, was sie glücklich und zufrieden macht. Weil sie noch nicht sprechen können, achten kleine Kinder ganz besonders auf all das, was nicht gesagt wird: was also hinter den Worten verborgen bleibt. So spüren sie mehr, als ihre Eltern für möglich halten; sie bemerken sehr genau und prägen sich ein, was diese vor ihnen zu verbergen suchen oder was ihnen oft selbst nicht bewusst ist.

Vor ein paar Jahren führten Forscher ein in dieser Hinsicht bemerkenswert aufschlussreiches Experiment durch. Sie zeigten sechs Monate alten Babys drei kurze Trickfilmsequenzen. Die Kinder sahen zunächst ein kleines gelbes Männchen, das Mühe hatte, einen steilen Berg zu bezwingen. Schnaufend krabbelte es hoch. Anschließend lief die gleiche Sequenz noch einmal; diesmal kam dem gelben Männchen eine grüne Figur zu Hilfe, sie schob von unten. So kam das gelbe Männchen leichter den Berg hinauf. In der dritten Sequenz mühte sich das gelbe Männchen erneut ab, den Berg hochzukrabbeln, da tauchte plötzlich oben eine blaue Figur auf: Sie stieß den kleinen Strampler wieder nach unten. Nach dem Film wurden die grüne und die blaue Figur von den Kindern nebeneinander aufgestellt. Die Forscher waren gespannt, nach welcher Farbe die Kinder greifen würden. Alle Babys wählten die grüne Figur, den »Unterstützer«. Einer, der dem anderen hilft, war ihnen zutiefst sympathisch.

Ein halbes Jahr später wurde das Experiment wiederholt. Die Kinder waren nun ein Jahr alt und hatten sechs Monate Zeit gehabt, ihre Lebenswelt weiter zu erkunden. Erfahrungen zu sammeln. Zu schauen, wie ihre Eltern so sind, wie sie und andere Menschen reagieren. Nun wählten zehn Prozent der Kinder nicht mehr den »Unterstützer«, sondern den »Unterdrücker«. Es ist nicht näher untersucht worden, was sich bei diesen Kindern in den sechs Monaten verändert hatte, welche Erfahrungen sie inzwischen gemacht hatten, die dazu führten, dass sie sich jetzt mit dem »Unterdrücker« identifizierten. Man kann es aber erahnen.

Kein Kind überlebt die ersten sechs Monate seines Lebens, wenn es nicht umsorgt, geschützt, genährt und unterstützt wird. Das ist die erste Erfahrung, die jedes Kind macht. Anschließend nimmt es zunehmend wahr, wie es innerhalb seiner Lebenswelt zugeht, wie Eltern und Geschwister miteinander und mit ihm umgehen, ob es in der Familie einen Menschen gibt, der sich erfolgreich auf Kosten anderer durchsetzt. Für erfolgreiche Überlebensstrategien haben kleine Kinder einen sehr feinen Blick. Dass sie sich mit denen identifizieren und die Strategien derer übernehmen, die aus ihrer Perspektive besonders erfolgreich sind, ist allzu verständlich. Aber angeboren sind diese Verhaltensweisen und die diesen Verhaltensweisen zugrunde liegenden Haltungen nicht.

Wenn es nur die Bewegungs- oder Verhaltensmuster wären, die Kinder von wichtigen Vorbildern übernehmen, bestünde wenig Grund zur Besorgnis. Dann würden manche Menschen die Teetasse eben anders zum Mund führen. Oder anders laufen oder anders tanzen oder anders schwimmen, sich mit einer anderen Geste grüßen oder auf andere Weise einen gekochten Hummer essen.

Aber Kinder übernehmen eben nicht nur solche einfachen motorischen Handlungsmuster und Verhaltensweisen von ihren Vorbildern. Sie übernehmen auch Haltungen und Denkweisen. Wenn zum Beispiel ein bewundertes Vorbild durch das, was es sagt oder durch sein Handeln oder Auftreten zum Ausdruck bringt, dass es völlig in Ordnung ist, andere Menschen abzuwerten oder gar zu beschämen, und dass es im Leben darauf ankommt, sich auf Kosten anderer Macht und Einfluss zu verschaffen, dann saugen Kinder und Jugendliche solche Äußerungen begierig auf und machen sich deren Einstellung zu eigen. Umso heftiger, je abhängiger sie von ihrem Vorbild sind.

Niemand kommt als Menschenverächter, als Unterdrücker und Ausbeuter zur Welt, kein Mensch ist von Natur aus böse und gewalttätig. Um so werden zu können, braucht man andere, die so geworden sind. Und eine Umgebung, in der alle gefeiert werden, die sich Vorteile verschaffen und dann als besonders erfolgreich gelten.

Die Fähigkeit zur Empathie, so großzügig sie anfangs in uns Menschen angelegt sein mag, verändert sich mit den Erfahrungen, die wir machen. Viele Eltern meinen, ihren Kindern mit vier, fünf Jahren beibringen zu müssen, genauer hinzuschauen, wem sie ihr Mitgefühl schenken. In diesem Alter gerät die spontane Anteilnahme unter die Kontrolle von Regeln. Jetzt wird überlegt, wer Anteilnahme verdient hat. Eher alle? Oder nur die Freunde? Der Aufwand sollte nicht zu hoch sein. Wer hat nicht schon mal beobachtet, wie Eltern ihrem Kind das Spielzeug aus der Hand nehmen, wenn es dies freimütig einem weinenden Jungen oder Mädchen schenken möchte? Ihm das spontane Gefühl versagen, helfen zu wollen? Je älter sie werden, umso mehr werden Kinder belehrt, nicht jedem gleich ihre helfende Hand auszustrecken. Mit sieben und acht Jahren, auch das ist erforscht, fühlen drei von vier Kindern nur noch mit denen, die sie kennen. Weniger mit einem Fremden, dem sie begegnen. So wird gelernt, was Misstrauen bedeutet.

Wenn alle Kinder die Gelegenheit hätten, in eine menschliche Gemeinschaft hineinzuwachsen, in der jeder den anderen achtet, wäre kein einziges Kind gezwungen, seine angeborene Fähigkeit zu unterdrücken, die Empfindungen anderer Menschen zu teilen. Mitgefühl ist uns in die Wiege gelegt wie die Fähigkeit zum Atmen.

Wir Menschen haben es so weit gebracht, weil wir uns kümmerten. Und nicht den Wettbewerb verschärften. In einer Gesellschaft, in der sich immer mehr Menschen allein und ausgeschlossen fühlen, können wir es uns nicht leisten, unseren Kindern von klein an die Fähigkeit zur Empathie auszutreiben. Wir Menschen brauchen einander.

5 Für ein Leben in Fülle: Was unsere Kinder wirklich brauchen

Die Fähigkeit zu lernen ist wie ein Naturgesetz. Jedes Lernen aber setzt voraus, dass wir uns Zeit geben, Erfahrungen zu machen. In einer uns eigenen Geschwindigkeit. Um die Dinge der Reihe nach zu verstehen. Wir können nicht gehen, bevor wir nicht das Krabbeln beherrschen, und wir können nicht sprechen, ehe wir in der Lage sind zu verstehen, was jemand meint, wenn er etwas sagt.

Kinder entdecken spielend die Welt. Sie probieren so lange, bis auch die schwierigsten Dinge gelingen. Sie üben das Scheitern und sie üben das Gelingen. So wächst in ihnen die Erfahrung, mehr zu können, als sie vielleicht geahnt haben. Sie lernen aus sich heraus. Wie von selbst. Es ist wirklich phantastisch, wie einfach Leben geht. Wenn man die Spielregeln beherrscht, ist das Leben: kinderleicht.

Bis jemand sagt, das Kind solle sich mehr anstrengen. Besser werden. Schneller lernen. Sich nach allen Kräften bemühen. Das Kind bemüht sich nach Kräften, aber es scheint nicht zu reichen. Es soll über seine Verhältnisse leben und unter seinen Bedürfnissen bleiben. Nicht selten hört es den Satz: »Glaube mir, ich weiß besser, was gut für dich ist.« Es ist die Erfahrung und der Wunsch eines anderen, der übernommen werden soll. Mit der Entwertung des eigenen Erlebens beginnt der Prozess der Anpassung. Und das leichte Leben wird plötzlich schwer. Und wenig geht mehr wie von selbst, also selbstverständlich.

Es ist eine skurrile Situation. Mit der Geburt legen Kinder einen Start hin, der besser nicht sein könnte. Sie haben phänomenale Fähigkeiten, einen enormen Willen und ungeheuren Ehrgeiz. Sie sind aufmerksamer als Erwachsene, sind im Besitz von mehr Phantasie und können sich an sich selbst begeistern. Könnten Kinder Achtsamkeitstrainings anbieten, würden in Deutschland ganze Berufsgruppen arbeitslos. Kinder beobachten besser, leben intensiver und haben keine Hemmungen. Sie sagen, was sie denken. Fragen, was sie wollen. Handeln, wie sie fühlen. Gegen Kinder sehen wir Erwachsene alt aus. Was bringt uns also dazu, alles daranzusetzen, dass unsere Kinder so werden wie wir? Haben wir Angst vor dem Spiegel, den sie uns vorhalten?

Die Welt von heute bietet große Chancen. Fast nichts scheint unmöglich. Sie hält Angebote bereit, von denen unsere Eltern nur träumen konnten. Was machbar ist, wird gemacht. Das ist die eine Sicht, die eine Wahrheit. Eine andere ist: Viele Kinder haben nur noch beschränkten Zugang zur Welt. Nicht nur die, welche in armen Familien geboren werden, von denen es immer mehr gibt. Die freien Räume werden weniger. Plätze sind längst besetzt. Etwas Eigenes auf die Beine zu stellen, wird schwieriger.

Die Entwicklung der letzten Jahre und Jahrzehnte hat es möglich gemacht, dass Menschen keine großen Anstrengungen unternehmen müssen, um eigene Erfahrungen zu sammeln. Alles ist verfügbar, sortiert und vorgepackt. Konfektioniert. Lernen aus sich heraus wird immer mehr zu einem Luxus. Es ist schwierig, sich selbst ein Bild zu machen. Die Bilder sind längst da. Vor der Erfindung des Fernsehens musste der Mensch einen Fuß vor die Tür setzen, wenn er etwas erleben wollte. Mit der Erfindung des Computers kann er gleich sitzen bleiben. Er braucht noch nicht einmal den Raum zu verlassen. Das hat eine neue Qualität. Wir beginnen nur langsam zu begreifen, was das macht. Mit uns. Und unseren Kindern.

Was können wir tun? Wenn wir wollen, dass es unseren Kindern besser geht, müssen wir uns einmischen und uns empören. Wir müssen Wut-Eltern werden. Das Aufstehen lernen. Mit aller Macht. Wie wir es als Kinder bereits einmal gekonnt haben.

Unsere Welt, und damit auch die Lebenswelt unserer Kinder, wird immer komplexer. Nur in unseren Schulen wird verzweifelt versucht, so weiterzumachen wie bisher. Mit dem so vermittelten Wissen und den dort beim Lernen gemachten Erfahrungen werden Kinder und Jugendliche aber längst nicht mehr auf die Herausforderungen von morgen vorbereitet. Was sie für die Bewältigung dieser Zukunftsaufgaben mehr als alles andere brauchen – Zuversicht und Kreativität, Mut und Eigensinn, Selbstverantwortung und Gemeinsinn –, wird ihnen im Lehrbetrieb, im Kampf um die besten Zensuren und im schulischen Zusammenleben systematisch ausgetrieben.

Es ist der gesetzliche Auftrag unserer Schulen, Kinder zu mündigen Bürgern mit größtmöglicher Partizipations- und Gestaltungskompetenz zu bilden. Der lässt sich aber nur erfüllen, wenn Schüler dort auch wirklich eingeladen, ermutigt und inspiriert werden, ihre Begabungen zu entfalten und: Charakter zu entwickeln.

Unsere Schulen aber sind nach wie vor primär auf die Vermittlung von Wissen und Fähigkeiten und auf Selektionskriterien ausgerichtet, die aus einer vergangenen Lebens- und Berufswelt stammen und dazu führen, dass immer mehr Kinder unter ihren Möglichkeiten bleiben. Doch die Begeisterung am Lernen kann niemand erzwingen oder anordnen. Sie lässt sich nur wecken. Die Zauberworte, mit denen sich die Begeisterung bei jedem Menschen wiedererwecken lässt, egal, wie alt er ist und wie viele negative Erfahrungen er schon gemacht hat, sind ganz einfach: Wir laden dich ein, wir ermutigen und inspirieren dich, dich auf Neues einzulassen und die Freude am Lernen wiederzuentdecken. Die Botschaft an jedes Kind muss lauten: Du kannst etwas und wir mögen dich, wie du bist. Mit deinen besonderen Fähigkeiten und Begabungen bist du gemeinsam mit anderen in der Lage, etwas zu leisten, was keiner allein schaffen kann.

Vertrauen, Ermutigung und Wertschätzung sind zentrale Elemente einer Lernkultur, in der sich Talente entfalten können. Dazu brauchen Schüler Dialogpartner, ermutigende Unterstützer, herausfordernde Begleiter. Sie brauchen Schulen, in denen sie nicht mit Angst oder Gleichgültigkeit, sondern mit Lust und Freude lernen können.

Es gibt in unserem Land bereits einige Schulen, in denen dieser Transformationsprozess gelungen ist. Die Verwandlung unserer Schulen in Orte des gemeinsamen Lernens, Entdeckens und Gestaltens ist also möglich.

Doch es geht um mehr als eine Reform hier und ein Projekt da. Wir brauchen einen grundlegenden Wandel der Lern- und Beziehungskultur. In jeder Familie, in jeder einzelnen Schule. Alle um die Zukunft unserer nachwachsenden Generation besorgten Bürger müssen sich gemeinsam auf den Weg machen. »Die Zeit ruft nach Persönlichkeiten, aber sie wird so lange vergeblich rufen, bis wir die Kinder als Persönlichkeiten leben und lernen lassen, ihnen gestatten, einen eigenen Willen zu haben, ihre eigenen Gedanken zu denken, sich eigene Kenntnisse zu erarbeiten, sich eigene Urteile zu bilden; bis wir, mit einem Wort, aufhören, in den Schulen die Rohstoffe der Persönlichkeit zu ersticken, denen wir dann vergebens im Leben zu begegnen hoffen.« So deutlich formulierte es die schwedische Reformpädagogin Ellen Key bereits zu Beginn des vergangenen Jahrhunderts in ihrem Buch *Das Jahrhundert des Kindes*. Es wird Zeit, dass dieses neue Jahrhundert nun auch endlich anbricht.

Wir haben dieses Buch geschrieben, weil wir überzeugt sind, dass jeder von uns in der Lage ist, etwas zu ändern. Sich zu verändern und andere. Wir beide, der Hirnforscher und der Reporter, haben uns bei einem beeindruckenden Projekt kennengelernt: dem Versuch von elf Jungen, für zwei Monate auf einer Alm zurechtzukommen. Gerald Hüther hatte von einem solchen Abenteuer immer geträumt. Und er hat mit seiner Idee, Kinder in die Berge zu schicken, ziemlich viele Menschen provoziert. Denn es waren Jungen, denen von Ärzten ein sogenanntes Aufmerksamkeits- und Hyperaktivitätssyndrom, kurz ADHS, attestiert worden war. Es gibt keine Symptomatik, über die die Meinungen so weit auseinandergehen. Ärzte und Wissenschaftler liefern sich heftige Auseinandersetzungen, einen Glaubenskrieg fast: Manche sagen, wenn die Pest die Krankheit des Mittelalters war, ist diese Verhaltensstörung die Pest der digitalen Moderne. Sie betrifft Hunderttausende Kinder und Jugendliche, viermal mehr Jungen als Mädchen und viel mehr Kinder in der Stadt als auf dem Land. Ihr gereiztes Gemüt wird mit Medikamenten gedimmt. Mit einem chemischen Wirkstoff namens Methylphenidat, besser bekannt unter dem Markennamen Ritalin. Das Präparat hemmt jene Bereiche im Gehirn, die für die Verstärkung innerer Impulse zuständig sind. Die Pille stellt die Kinder ruhig und beruhigt die Eltern. Zumindest die Schulzeit kann man so überstehen.

Die betroffenen Kinder funktionieren nicht so, wie es sich Erwachsene vorstellen. Sie reagieren stärker auf Reize, sie sind empfindsam und sensibel. Ihre Lehrer sagen, ihr Verhalten sei auffällig, sie sind schwer zu kontrollieren. Und sie nerven, sich und die anderen. Die Gelehrten streiten sich schon seit Jahren, ab wann von einem Defekt zu sprechen, welche Behandlung anzuraten ist und welche Ursachen für die Herausbildung der Störung verantwortlich sind. Viele Ärzte vermuten in der verminderten Fähigkeit zur Selbststeuerung hauptsächlich einen genetischen Defekt, eine angeborene Störung des Stoffwechsels, der sich mit vergleichsweise geringem Aufwand durch Medikamente beheben lässt. Entwicklungspsychologen erklären das ADHS-Phänomen mit der zunehmenden Reizüberflutung und der abnehmenden Fähigkeit, Kinder kindgerecht zu erziehen. Der Überforderung durch immer mehr Informationen und Erwartungen in einer ausschließlich auf Erfolg und Effektivität getrimmten, einer verunsicherten und verängstigten Gesellschaft. In der immer mehr Menschen unter Depressionen leiden, weil sie nicht mehr zurechtkommen.

Es war also einen Versuch wert, zu schauen, wie es Kindern geht, wenn sie ganz neue Erfahrungen machen. Ohne all die Ablenkungen und Ersatzbefriedigungen des Alltags. Ein Sommer ohne Süßigkeiten. Kein Fernsehen am Morgen, kein Computer am Mittag, keine Playstation am Abend. Kein Klick auf eine Tastatur. Kein Knopf, auf den man drücken kann, wenn man nicht mehr weiterweiß. In einer kleinen Hütte mit Ofenrohr und einem Plumpsklo hinterm Kuhstall sollten sie mit sich und in einer Gemeinschaft klarkommen.

Und die Jungen erzählten ihre Geschichten. Dass man ihnen mit neun Jahren noch nicht zugetraut hat, ein Feuerzeug in die Hand zu nehmen. Oder sie in der Schule ständig vor die Tür geschickt werden. Adrian, neun, zum Beispiel, der am Anfang viel weinte, auch aus Heimweh, meinte, die Pille mache ihn traurig. Und still. Seine Eltern hatten ihn auf die Alm geschickt, weil er nicht mehr zum Doktor will. Nicht zum Psychologen und nicht zum Psychiater, um seinen Stoffwechsel untersuchen zu lassen oder seine Intelligenz. Er konnte mit sieben Jahren bereits ein Puzzle aus 500 Teilen legen, im Unterricht aber stört er. Er lässt das Lesebuch im Ranzen, steht auf, geht raus, ist unruhig. Seine Lehrerin kann so nicht arbeiten, sie kann sich nicht um jedes einzelne Kind kümmern. Oder Pascal, acht. Er nahm die Pille, seit er sechs ist: eine Tablette vor der Schule, eine halbe danach. Seine Mutter geht morgens schon um fünf aus dem Haus, um bei McDonald's Frühstück zu servieren. Sie weckt ihren Sohn über das Handy. Den Vater kennt der Junge nicht: Pascal schluckt allein. Sie haben sich wegen mir gestritten, sagt er.

Bei Florian, elf, hatte der Arzt gleich beim ersten Termin festgestellt: »Florian hampelte während der gesamten Untersuchung ständig herum und verweigerte vieles. Schon während der Situation in der Praxis zeigte sich, dass der Junge ein ADHS hat.« Obwohl die Eltern ihren Jungen als »begeisterungsfähig und kreativ« beschrieben, kam er in der Schule nicht zurecht. Seine Lehrerin nerven »unterrichtsfremde Aktivitäten« wie das Herumlaufen in der Klasse und ein »desinteressiertes Verhalten dem Unterricht gegenüber«. Die »Einstellung auf Ritalin« allerdings führte »rasch zu einer Verbesserung der gesamten Symptomatik«.

Nikola, zehn, war nach zahlreichen psychodiagnostischen Testbefunden, neurologischen Untersuchungen und einem Abgleich mit der weltweit gültigen »*Child Behavior Checklist*«, die von der Norm abweichendes Verhalten von Kindern bewertet, positiv auf ADHS getestet worden. Fragt man Nikola nach seinem größten Wunsch, sagt er, dass seine Eltern wieder zusammenkommen mögen. Und seine Mutter öfter zu Hause sein solle.

Die Erfahrung, Außenseiter und Störenfried zu sein, einte die Kinder. Sie taten alles, um ihren Schmerz darüber, sich nicht angenommen zu fühlen, zu unterdrücken. Sie mussten Strategien entwickeln, um mit dem Leid zurechtzukommen, nicht dazugehören zu dürfen. Das menschliche Gehirn aber ist ein soziales Organ. Es entwickelt sich über Beziehungserfahrungen. Wir Menschen können nicht allein leben. Und doch wird heute mehr denn je die Illusion geweckt, als käme einer ohne den anderen aus. Wer nicht dazugehört, spürt einen ähnlichen Schmerz wie jemand, der geprügelt wird. Und die Erfahrung auf der Alm – das zeigte sich nach einiger Zeit – war: Fühlten sich die Kinder dazugehörig, brauchten sie diese Symptomatik nicht mehr.

Oben auf der Alm war von der Störung, die ihnen unten bescheinigt worden war, wenig zu spüren. Die Jungen schliefen in ihren Schlafsäcken auf dem Dachboden der kleinen Hütte. Sie melkten die Kuh, die ihnen der Almbauer überlassen hatte. Sie wuschen sich im eiskalten Bach und zimmerten am Ufer des Bergsees ein kleines Floß. Und kreischten begeistert, wenn einer ins Wasser fiel, bevor sie ihn dann wieder herausholten. Mit Hacke und Schaufel zogen sie in kleinen Gruppen los, um nach jedem Regen die Wanderwege in der Umgebung der Hütte vom eingespülten Schutt zu reinigen und für Wanderer begehbar zu machen. Sie schnitzten und bauten und bastelten den ganzen Tag. Am Lagerfeuer, um das sie sich am Abend versammelten, machten sie ihren »Teamkreis«. Da bekam jeder Gelegenheit, allen anderen zu sagen, was ihm an diesem Tag besonders gut gefallen, wer ihm geholfen und was er für andere gemacht hatte.

Hör auf, lass das, ich will nicht; der haut mich, der ärgert mich, der tritt mich. Was am Anfang nur Zank und Gezeter war, wurde im Verlauf des Sommers zu einer konstruktiven Auseinandersetzung. Die Jungen entwickelten ständig eigene Ideen, fanden sich immer besser in der Gruppe und mit dem Zusammenleben in der engen Hütte zurecht und waren am Ende kaum mehr wiederzuerkennen. Wer dick war, nahm ab. Wer dünn war, legte zu. An Kraft und Gewicht.

Alle hatten die Erfahrung gemacht, dass sie nun etwas konnten, das sie sich anfangs nicht zugetraut hatten. Ihr Selbstvertrauen war gewachsen; sie waren in der Lage, ihre Konflikte selbstständig zu lösen; hatten gelernt, wie gut es ist, wenn man zusammenhält; und jeder hatte das Gefühl, in diesem Sommer so viel kompetenter, mutiger, erwachsener und reifer geworden zu sein wie schon seit Jahren nicht mehr. Die Jungen waren richtig gut drauf, und wir konnten die Lust und die Begeisterung spüren, mit der sie sich nach diesem Sommer auf der Alm wieder auf den Weg zurück in ihre Familien, zu ihren Freunden und sogar in ihre Schulen machten.

So haben wir uns damals kennengelernt. Umgeben von mächtigen Dreitausendern, in einer wilden Gegend mit wilden Kerlen. Und wussten beide, dass mit diesem Experiment nichts gewonnen war. Es war der Versuch zu zeigen, dass es auch anders geht. Dass man zum Großwerden so viele positive Erfahrungen wie möglich braucht und dass jeder in der Lage ist, sein Verhalten zu ändern, wenn er nur die Gelegenheit geboten bekommt. Zugang findet zu den eigenen Gefühlen, sich seiner gewahr wird, sich selbst entdeckt, seine Stärken und Schwächen kennenlernt.

Doch was würden die elf Jungen, die nun einen Sommer lang erleben durften, was für wichtige Dinge man in nur zwei Monaten lernen kann, die alle nicht in Schulbüchern stehen und nicht im Unterricht gelehrt werden, erleben, wenn sie mit diesem prall gefüllten Rucksack an eigenen Erfahrungen wieder in ihre alten Zusammenhänge kämen? Wie lange, so fragten wir uns, würden sie dieses Leben aushalten, ohne zu verzweifeln? Wie schnell würden sie erleben müssen, dass sie doch wieder in die alten Säcke der fest gefügten Vorstellungen ihrer Lehrer, womöglich sogar ihrer Eltern gesteckt werden? In diese Bewertungssäcke, auf denen für jeden gut lesbar, möglichst sogar in roter Schrift geschrieben stand, was sie nach deren Meinung waren: »verhaltensauffällig«, »aufmerksamkeitsgestört«, »aufmüpfig«, »zappelig« oder gar »eigensinnig«. Wie lange kann ein Kind das ertragen? Und wie muss es darauf reagieren?

Als wir in dem Alter der Almkinder waren, gab es noch nicht so viele Möglichkeiten der Zerstreuung. Der Abwechslung. Es gab noch nicht diesen immensen Druck in der Schule, den Druck, das Leben perfekt gestalten zu müssen. Auch wir mussten in der Schule lernen, auch wir langweilten uns im Unterricht, aber nach der Schule gab es immer die Möglichkeit, das Leben zu erkunden. Wir waren immer draußen, wir waren jeden Nachmittag mit Freunden unterwegs, die Eltern ließen uns laufen und wir standen nicht unter Beobachtung. Wir hatten das Gefühl, mehr über unser Leben bestimmen zu können als die Kinder heute.

Wir stellten uns die Frage, ob wir nur sentimental seien oder die Verhältnisse nicht richtig begriffen hätten, wenn wir die Kindheit von heute mit der von damals vergleichen. Und dann fiel uns auf, wie wenig Menschen sich darüber empören, was Kindern in unserem Land zugemutet wird, was sie aushalten müssen, wenn Erwachsene, seien es Lehrer, Ärzte oder Psychologen und manchmal sogar die eigenen Eltern, vorgeben, besser zu wissen, was gut für sie ist. Einen genauen Plan haben, was getan werden muss und wie sie zu sein haben. Ohne jeden Respekt davor, dass jeder Mensch seine eigenen Bedürfnisse und Vorstellungen hat und kein Mensch dem anderen gehört.

Wer von all denen, die diese Kinder bewerten, beurteilen und diagnostizieren, kann denn wirklich sicher wissen, was für die Kinder, die in unsere Welt hineinwachsen und schon bald selbst ihr Leben und unsere Zukunft gestalten werden, gut und richtig ist? Welcher Erwachsene kann mit Bestimmtheit sagen, worauf es in Zukunft für diese Kinder ankommen wird? Und wenn ja, woher kann er das wissen? Aus Lehrbüchern, Ratgebern, Bulletins? Von Ärzten und Lehrern?

Wir sind überzeugt, dass Kinder heute viel zu früh groß zu werden haben, ohne Zeit zu finden für die richtigen Schritte, die richtige Reihenfolge. Es an Geduld fehlt und an sinnvollen Aufgaben, stärkenden Gemeinschaften und ermutigenden Vorbildern. Dass Kinder – den Kopf voller Bilder – kaum mehr in der Lage sind, eigene Erfahrungen zu sammeln und eigene Wege zu gehen, weil sie zu viel Vorgefertigtes konsumieren. »Die Erwachsenen«, sagt Janis, 14, »machen nämlich einen großen Fehler: Sie regeln immer alles für einen.«

Was wir in den Bergen in einer außergewöhnlichen Situation erlebt haben, hat uns ermutigt, dieses Buch zu schreiben. Längst haben auch Entwicklungspsychologen in aufwändigen Untersuchungen festgestellt, dass es die Umgebung ist, die den Menschen formt. Wer Zuwendung und Fürsorge erfährt, profitiert ein Leben lang.

Und wer stressempfindlich ist und vielleicht zur Depression neigt, kann trotzdem ein erfülltes Leben führen, wenn er Unterstützung erfährt. Es gibt robuste und weniger robuste Kinder. Die einen haben mit schwierigen Verhältnissen zu kämpfen, den anderen fällt das Leben leicht. Kein Mensch gleicht dem anderen. Ob wir Sieger werden oder Verlierer, ist nicht in den Erbanlagen festgeschrieben. Es hat damit zu tun, welche Erfahrungen wir sammeln. Ob wir Zugang finden zu den eigenen Gefühlen. Ob wir das, was in uns steckt, entfalten können. Nicht die Kinder sind krank, es sind die Verhältnisse, die sie krank machen.

Und nicht nur die Kinder. Immer mehr Menschen leiden unter der genormten Welt von heute. Wir wollen mit diesem Buch all jenen Mut machen, die rebellisch sind und aufsässig werden. Die sich nicht mehr am Normalen, sondern am Besseren orientieren möchten. Die nach oben, nicht nach unten schauen. Deshalb geht es in diesem Buch auch um all jene Kinder, die sich so sehr anstrengen, die Erwartungen ihrer Eltern und ihrer Lehrer zu erfüllen und die sich unter Verdrängung all ihrer eigenen Bedürfnisse so lange an die Anforderungen und den Druck anderer anzupassen versuchen, bis sie selbst nicht mehr wissen, wer sie eigentlich sind und wofür sie leben wollen. Es wird Zeit, die vielen unterschiedlichen Begabungen wiederzuentdecken, die jedes Kind mit auf die Welt bringt und die allzu oft schon im Kleinkindalter, spätestens aber in der Schule verkümmern, bevor sie je zur Entfaltung kommen konnten. Wir wollten davon erzählen, wer unsere Kinder sind und was aus ihnen werden könnte.

Was aus ihnen endlich werden könnte, wenn sie nicht länger in den Betonmauern unserer Bewertungen und Zuschreibungen eingegossen würden. Wenn wir sie nicht mehr zu Opfern unseres überkommenen, aus dem vorigen Jahrhundert stammenden und durch nichts zu begründenden und zu rechtfertigenden Begabungskonzeptes machten. Eines Begabungskonzeptes, dass dazu geführt hat, dass unsere Schulen wie Erbsensortieranlagen funktionieren. Zu viele fallen dort durch die Maschen.

Es wird Zeit für uns Erwachsene, genauer hinzuschauen und uns zu fragen, wie lange wir noch zulassen wollen, dass unsere Kinder in eine Welt hineinwachsen, in der sie wie Maschinen, Spalierobst oder Computer behandelt werden. In der sie so zusammengebaut, zurechtgestutzt und programmiert werden, wie es Eltern, Lehrern und allen anderen gefällt, die ihren Nutzen davon haben.

Mit diesem Buch haben wir nur einen Anfang gemacht. Wie es weitergeht, bestimmen Sie. Mit dem, was Sie tun.

Weiterführende Informationen

Wenn Sie sich für Schulen und Institutionen interessieren, die den Wandel zu einer neuen Lernkultur begonnen haben und fördern, finden Sie hier weiterführende Informationen:

www.archiv-der-zukunft.de
www.schule-im-aufbruch.de
www.schulen-der-zukunft.org
www.nelecom.de
www.ev-schule-zentrum.de
www.glocksee.de
www.netzwerk-innovativer-schulen.de

Maximilian Dorner
Mein Schutzengel ist ein Anfänger
Eine wahre Geschichte vom Trösten und Getröstetwerden

224 Seiten, Broschur, *btb* 74708

Max hat eine komplizierte Nervenkrankheit, und jeder fragt
ihn: Wie geht's?
Antwortet er »gut«, glaubt ihm das keiner. Sagt er »schlecht«,
muss er sich wieder stundenlang gut gemeinte Ratschläge
anhören. Tu dies oder jenes, mach eine Diät, probier's mit der
Bliss-Methode oder mit Reiki.
Eigentlich weiß Max selbst nicht, was ihn trösten oder ihm
helfen könnte. Also hat er sich mit einer gehörigen Portion
Humor, doch voller Hoffnung auf die Suche gemacht …

**Trost ist es in jedem Fall, ein Buch wie dieses zu
lesen.**

»Unheimlich einfühlsam, mal rührend und mal witzig.«
Frankfurter Rundschau

Stanislas Dehaene

Lesen
Die größte Erfindung der Menschheit und was
dabei in unseren Köpfen passiert

WaRuM knnen wr slbst dSn sAtz vrsthn?

Wie geht Lesen? Wie funktioniert die Verbindung von
Auge und Geist, die gedruckte Zeichen in Bedeutung
verwandelt und Gedanken begründet? Der renom-
mierte französische Kognitionswissenschaftler Stanislas
Dehaene unternimmt einen aufregenden Streifzug durch
die Landschaft in unseren Köpfen. Er beschreibt, was
zwischen Kindergarten und zweiter Klasse im Gehirn
passiert, und wie dieser unendlich komplizierte Vorgang
so automatisiert wird, dss slbst fEhlr kEIne rlle mhr spiln.

„Dehaenes Buch verbindet Kulturwissenschaft und
Hirnforschung zu einer eleganten und spannenden
Erzählung. Eine Offenbarung."
Oliver Sacks

„Dehaenes Reise in die Welt der Buchstaben bietet
überraschende Einsichten."
Die Welt

Stanislas Dehaene
Lesen
Knaus Verlag
448 Seiten
978-3-8135-0383-8